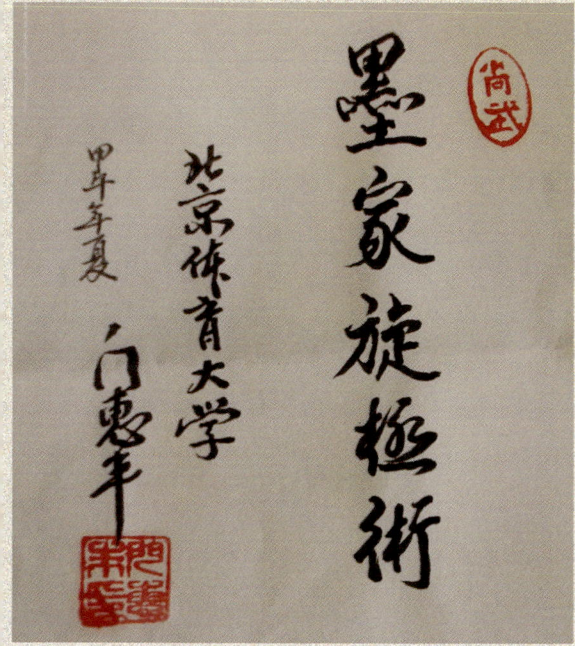

中国十大武术名教授、中国武术段位制副主编、中国武术协会副主席、中国武术九段、中国武术专家委员会成员、东岳太极拳创始人门惠丰题写书名

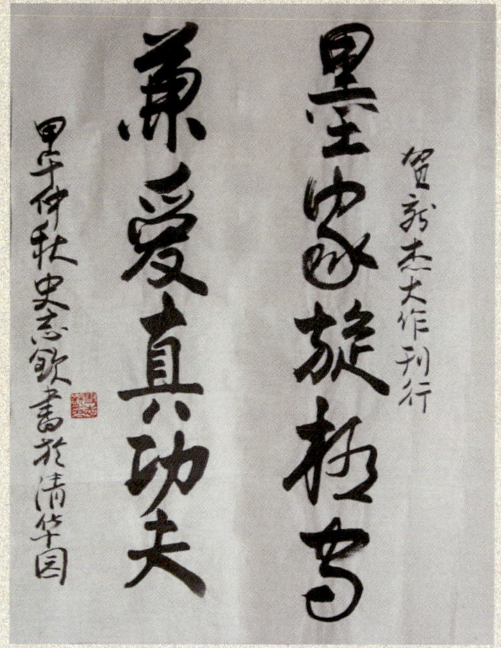

清华大学社会科学学院党委书记、教授、博士生导师史志钦题词

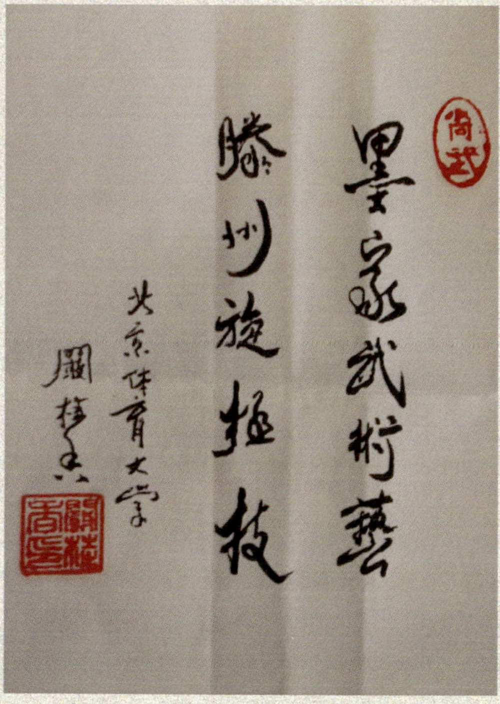

北京体育大学教授、中国武术专家委员会成员、中国武术九段、东岳太极拳创始人阚桂香题词

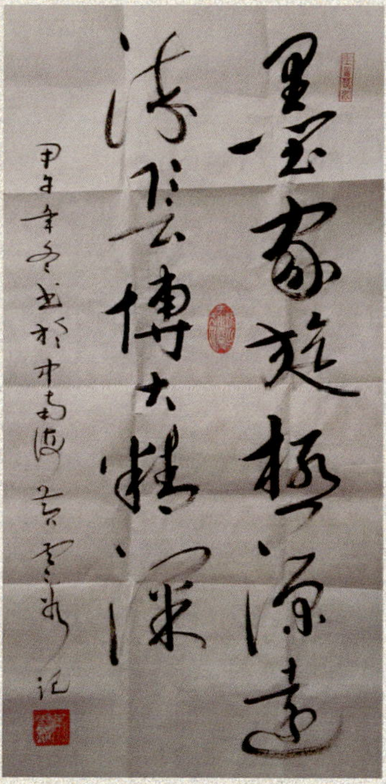

国务院办公厅太极拳协会会长黄寒冰题词

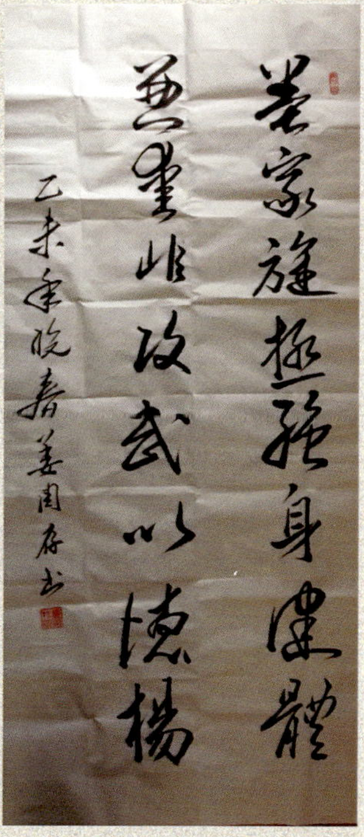

山东师范大学教授、原山东省师范大学武术系主任、中国武术八段、中华鸳鸯门第二代掌门人姜周存题词

与国家体育总局武术运动管理中心主任、中国武术协会主席高小军合影

中国武协段位制办公室主任、国家体育总局武术研究院秘书长康戈武教授为作者颁发国家级武术段位制考评员证书

与恩师门惠丰、师姐门凤英、师弟王大同合影

与中国武术九段、中国武术协会副会长吴斌老师合影

济南杨式太极拳研究会长、山东明之杨式太极拳发展中心名誉主任、恩师郝明之教作者太极拳散手合影

与陈式太极拳名家马虹老师合影

作者舞剑

2004 年作者在恩师杜传启老师的引导下为滕州太极拳研究室的老师讲太极拳推手

2012 年在韩国国际武术比赛中，孙新杰与国内外裁判员合影

教外国学生练墨家旋极术擒拿

在滕州二中新校推广墨家旋极术擒拿养生

第六届香港国际武术比赛名誉主任聘任书

第六屆香港國際武術比賽
The 6th Hong Kong International Wushu Competition

聘 任 書

茲聘請孫新傑先生爲第六屆香港國際武術比賽名譽主任。

此致

敬禮！

2011.8.16-17 Hong Kong

香港國際武術比賽組織委員會

参加厦门武搏会比赛

参加香港国际武术比赛

滕州星尚城会所举办墨家旋极术培训班

墨家旋極術擒拿

孙新杰 著

人民体育出版社

图书在版编目（CIP）数据

墨家旋极术. 擒拿 / 孙新杰著. -- 北京：人民体育出版社, 2015（2021.8重印）
ISBN 978-7-5009-4819-3

Ⅰ. ①墨… Ⅱ. ①孙… Ⅲ. ①擒拿方法（体育）—中国 Ⅳ. ①G852

中国版本图书馆CIP数据核字(2015)第112834号

*

人民体育出版社出版发行
北京建宏印刷有限公司印刷
新　华　书　店　经　销

*

787×960　16开本　13.5印张　225千字
2015年9月第1版　2021年8月第3次印刷
印数：5,501—5,900册

*

ISBN 978-7-5009-4819-3
定价：60.00元

社址：北京市东城区体育馆路8号（天坛公园东门）
电话：67151482（发行部）　邮编：100061
传真：67151483　邮购：67118491
网址：www.sportspublish.cn
（购买本社图书，如遇有缺损页可与邮购部联系）

序

滕州是墨子和鲁班的故乡，是全国著名的武术之乡，也是墨家旋极术的发源地。古往今来，滕州（滕县）俊才星驰、名人辈出。随着对墨子思想和学术研究的逐步深入，墨学研究成果不断展现。墨家旋极术的发掘问世，不仅丰富了墨子兼爱非攻的思想内涵，而且为武术理论发展提高、为养生健身知识的普及应用做出了杰出贡献。孙新杰先生多年来一直致力于武术和墨家学术的研究，几十年如一日，遍访名师，虚心好学，在传统武术领域造诣颇深，多次带领他的学生参加国际、国内武术比赛，每次都载誉而归。近年来，在孙新杰先生的深入挖掘和强力推动下，墨家旋极术经过收集、整理、习练、推广和提高，形成集各种拳术优点于一身、与墨学思想一脉相承的鲜明特色，作为中华武术宝库中的一枝新葩，被列入香港国际武术比赛项目和中韩健康太极拳及传统武术交流大会比赛项目。

经考证，“旋极术”名称的得来是墨家弟子由非攻剑（墨家剑）化拳而形成的武术流派。从种种历史资料中我们知道，墨家弟子们武艺高强，为慷慨侠义之士，在墨子军事理论的指导下，均精通守城、御敌等方法技巧，在止楚攻宋的历史记载中，更是形象地展现了墨子——这位祖师爷高超的军事才能和军事家、战略家的气魄！旋极术就是墨家将守城的推演术与墨家部分力学原理在人体巧妙结合运用的集中体现，随着后世的发展完善和传承，渐渐演变成能充分体现“旋极十字、功柔稳灵、对练生克”为套路特点的运动项目。

《墨家旋极术》一书编著完成并由人民体育出版社出版发行。由北京体育大学武术系原主任门惠丰教授题写书名，清华大学社会科学学院党委书记、博士生导师史志钦题写“墨家旋极守、兼爱真功夫”，北京体育大学教授、武术九段阚桂香教授题写“墨家武术艺、滕州旋极技”，国务院办公厅太极拳协会会长黄寒冰题写“墨家旋极、源远流长、博大精深”，原山东师范大学武术系主任姜周存教授题写“墨家旋极，强身健体，兼爱非攻，武以德扬”。体现了武术家们对墨学及旋极术的高度关注，同时墨家旋极术的发展是墨学发展史上的一件喜事，是武术文化宝库的一大贡献。受滕州武术（内家拳）学会会长、墨家旋极术当代掌门人、墨家旋极术第八代传人孙新杰之邀，为《墨家旋极术》一书作序，对我来讲是一件十分荣幸的事，有缘了解墨家与旋极术之间的关系，深感墨子故乡传承墨家旋极术过程中的艰辛。据了解，孙新杰会长习武三十多年来，精通太极拳、八卦掌、八极拳、旋极术，目前专门致力于墨家旋极术的研究，主攻“擒拿养生”的科学技术，获得国家级武术段位制考评员、指导员，国家一级健身气功裁判员、国家级武术教练员、裁判员，香港国际武术比赛名誉主任、厦门国际武博会名誉主席、《武魂》30年名誉顾问等众多资格、称号和职务。2010年5月，墨家旋极术被正式列为香港国际武术比赛项目；2012年7月，墨家旋极术被正式列为第三届韩中健康太极拳及传统武术交流大会比赛项目，更是与孙新杰先生取得的光辉战绩和不懈努力密不可分。

为倡导墨家旋极术“学打、练打、能打、不打”的“兼爱非攻、擒拿养生”理念，引导公民加强“强身健体、武以德扬”的内外修身观念，打造“滕州是墨子故里、武术之乡、旋极术发源地”这个品牌，我们提出让墨家旋极术“走近孩子、走进校园”，让更多的孩子从小就有机会了解和接触中国优秀的传统武术文化，先从滕州大力推广墨家旋极术，做成滕州的全民健身推广项目，继而大而广之！《墨家旋极术》是一本很好地传播墨家旋极武术文化的乡土教材，对于丰富滕州历史文化内涵，弘扬中华民族优秀传统文化，促进和谐社会建设，亦是影响深远，意义重大。目前，已经有滕州市二中新校、滕州墨子中学、滕州善南街道中心小学、滕州龙泉街道中心小学、滕州善南街道善国苑小学、山亭西集镇中心小学、滕州科圣中专、枣庄科技职业学院等多所学校把墨家旋极术作为校本课程，滕州二中新校专门成立了墨家旋极术专业队。墨家旋极术弟子几次参加厦门武博会、香港比赛、韩国比赛，从立项到成绩的取得，大大提高了墨家旋极术的知名度和海内外武术爱好者的参与度。“墨家旋极术十字功”更是适应全民健身的需要，从单练到对练，简单易学，循序渐进。是全民健身项目中不可或缺的一员！

“让旋极服务大家，让大家强身健体”。在本书即将出版之际，希望《墨家旋极术》一书，给墨家旋极术的发展带来新的活力，为人类健康快乐的生活送去美好的福音！愿中华武术事业在像孙新杰一样执着的践行者的引领下、努力中，更加发扬光大！

滕州市体育局局长 [signature]

2014 年 6 月 18 日

前 言

《墨家旋极术擒拿》一书终于脱稿了，我心里有一种说不出的兴奋，因为我们圆了墨家旋极门的一个理清“旋极术与墨家”关系的梦。滕州（滕县），古称“滕小国”，誉称“善国”。它历史悠久，文化灿烂，古为“三国五邑之地，文化昌明之邦”，据《滕县志》记载，距今有7300余年的历史，是中华民族文化的重要发祥地之一。在这片古老的土地上，在历史的长河中，孕育了墨子、鲁班、毛遂等一代又一代先贤圣哲，创造了北辛文化、汉代画像石、武术文化等一批又一批宝贵而丰富的历史文化。挖掘整理旋极术文化遗产，探讨“旋极术与墨家”的渊源是历史赋予我们的光荣使命。为探寻墨家旋极术的形成和发展，我们成立了滕州武术（内家拳）研究学会，专门以研究“墨家旋极术”为主。

本书内容包括墨家旋极术的起源、传承、发展与推广，墨家旋极术理论篇，墨家旋极术十字功练法，墨家旋极术十级擒拿四个部分。系统地说明了墨家旋极术是墨家弟子由非攻剑（墨家剑）化拳而形成的武术流派，古代叫“合一守”或“旋极守”，也叫墨家拳。随着后世的发展完善和传承，以研究“旋、耕、斜、回、帮、围、割、抛、靠、折”十字功的生克变化为主，分“十字功解释、十字功单练、十字功对练、十字功转化的十级擒拿技术，擒拿着重介绍了劲力的转化和培养、劲力的应用和训练、招式战术和力学分析等”，都是研究墨家守城的推演术和墨家力学原理与人体的巧妙结合运用。为了解武术文化的演变，我们还在滕州汉画像石馆的汉画像石上找到同墨家旋极术十字功动作相似的图片，悟出了“十字功汉画像石图拳谱”，目的在于更好地认识旋极术与墨家的关系，做到古为今用，以便多角度地研究墨家旋极术，体会它形成功、柔、稳、灵四种风格拳法的演变过程。

最后要说的是，我们在继承墨家旋极术的基础上，大胆地进行了创新的尝试。该书的出版旨在弘扬墨家旋极武术文化，传承历史文明，大力推广墨家旋极术宗旨——“强身健体、自苦为极、兼爱非攻、武以德扬”，提高墨家武术传承的知名度和美誉度，激发全民健身，爱自己、爱他人、爱社会，积极为墨学作出新的更大的贡献。

孙新傑

2014 年 12 月 8 日

目　录

第一章　墨家旋极术的起源、传承、发展与推广

第一节　墨家旋极术的起源

墨家旋极术属于中华内家拳系列之一。经考证，“旋极术”是墨家弟子由非攻剑（墨家剑或刺兽剑）化拳而形成的武术流派，古代叫“合一守”或“旋极守”，也叫墨家拳。随着后世的发展完善和传承，墨家旋极术弟子将守城的推演术和墨家力学原理与人体巧妙结合运用，研究“旋、耕、斜、回、帮、围、割、抛、靠、折”十字功的生克变化，提倡“学打、练打、能打、不打”的“兼爱非攻、擒拿养生”技击理念，其拳法特点是“旋转两极、功柔稳灵”，不以招式的快慢为目的，主要练人的思想、智慧和强身的理念。以“旋极十字、功柔稳灵、对练生克”为套路特点，以“短灵、长稳、软活”为器械特点，以“八法八技、八卦合一”为技击特点。墨家旋极术也是合理规划人日常生活习惯的运动项目，能使人健康生存，使弱者变成强者。因墨家旋极术源远流长，博大精深，又以积极防守为强身理念，故其不断满足不同时代的社会需要而不停地创新、发展着。

墨家旋极术起源的考证说明

旋极术代代相传，言传身教。但由于汉代统治者提出“罢黜百家，独尊儒术”，“诸不在六艺之科孔子之术者，皆绝其道，勿使并进”，在这样的背景下，墨家旋极术不敢公开习练，多以单传为主。故探其拳源、论其拳理、剖其拳艺的传人甚少，因此没留下详细的文字记载。关于旋极术的起源，笔者通过查阅历史资料，遍访武术名家，追根溯源，积累了较为详实的素材。

第一种说法，“旋极术”是墨家弟子由非攻剑（墨家剑或刺兽剑）化拳而形成的武术流派。鲁迅先生说：“孔子之徒为儒，墨子之徒为侠。”在先秦诸子中，与武术有更多的联系并得到“侠”的称号是墨家。墨子是精通武艺的军事家，他曾精辟地论述了剑的特点及剑术的自卫性质：“古者圣人为猛禽狡兽暴人害民，于是教民以兵行。日带剑，为刺则入，击则断，旁击而不折，此剑之利也。”（《节用》）“猛禽狡兽”在墨家旋极术的解释，一指豺狼虎豹，二指无恶不作的坏人。在此说明非攻剑是防“猛禽狡兽”侵害人类而形成，能体现兼爱非攻思想，是和平之剑，是防守之剑。图 1-1 滕州汉画像石馆“刺虎汉画像石图”，可以说明滕州传的“刺兽剑”在汉代就很出名。

图 1-1　滕州汉画像石馆“刺虎画像石图”

第二种说法，从旋极术运转技术上考证，墨家旋极术十字功也叫十字墨家拳，有“十字通，旋极成”的说法，以“旋、耕、斜、回、帮、围、割、抛、靠、折”十字动作为主，也是旋极术其他套路发展的源泉。墨家旋极术十字功的分解动作是墨家守城推演术的缩影。如翻手抛石想到抛石机、靠身熊撞想到冲撞车（图 1-2 是在滕州墨子纪念馆的“撞车模型图”）等，都是通过人象形取意能吸收自然界的精华练人身体，再体会墨家守城器械的作用与自然界精华转化正能量的内在关系，可得知，古代旋极术十字功将墨家守城推演术隐含在动作里，由于当时社会原因，不敢公开，只能默默地传承墨家旋极术文化。旋极术在古代叫“合一守”，“合”指合力，是旋转的综合劲，也叫合劲；“一”指一力，是极大、极小的专一劲，也叫一劲；“合一”是指墨家旋极术研究人体力学的技术变化；“守”是古代墨家守城技术演化的招式。《墨经》中有“合与一，或复否，说是拒”，在旋极术里能说明“合力”与“一力”的关系。旋极术是练“旋合劲、极一劲与松沉劲”为主的拳术，充分体现了《墨经》里的部分力学在拳术中的运用。

图 1–2　滕州墨子纪念馆“撞车模型图”

第三种说法，旋极术也称为龙山旋极术，此龙山是滕州境内的龙山，滕州又是墨子的故乡。据《山东省志·诸子名家系列丛书》编纂委员会编写的《墨子志》一书记载：“传说墨子出生时，凤凰落在此山，后来人们就把龙山改为落凤山了。”据传，当年刘腾循山脉往复，居石窟沉思感悟，创新了旋极术，由于社会原因，当时不敢说墨家旋极，只好说龙山旋极，所以龙山旋极术是墨家旋极术的一套综合拳。

综合以上三种说法，可以推断旋极术就是墨家文化的一部分，是宝贵的人类智慧的非物质文化遗产，山东省滕州市正是墨家旋极术的发源地。旋极术的发展无论是从剑术的演化，还是拳术风格、技术特点的展现，都能体现出是墨家武术文化的活化石。《墨子志》记载墨子的光辉形象“自苦为极、以身行道、赴汤蹈刃、死不旋踵”，其中就有“旋极”二字，也是后人对墨子形象的总结，说明了旋极术与墨子之缘渐渐成了人民心目中的符号。武术文化基本上都是师父口述心授的，这也是中华文化的一大特点。为弘扬旋极术文化，使之得以传承与弘扬，收集、整理、研究这一宝贵文化遗产迫在眉睫。作为旋极术的传承人，我们责无旁贷要为墨家旋极术植根于中华传统武术百花园做贡献，理应要担当起发掘、实践旋极术的重任。毛泽东同志早就说过，对待老祖宗的东西，要“吸取精华，弃其糟粕”。习近平同志出席纪念孔子诞辰2565周年国际学术研讨会暨国际儒学联合会第五届会员大会开幕会并发表重要讲话，他强调，“不忘历史才能开辟未来，善于继承才能善于创新。只有坚持从历史走向未来，从延续民族文化血脉中开拓前进，我们才能做好今天的事业”。当前伴随着全民健身活动的不断开展，我们要深刻理解墨家的“兼爱、非攻”思想，领悟墨家旋极术养生的真谛，积极倡导“旋极养生”的健身方式，传承光大墨家旋极术，正确引导人们的健康行为，让更多的人受益终生、健康一生、快乐一生，为促进全民素养的提高做出应有的贡献。

第二节　墨家旋极术的创始、传承与发展

一、墨家旋极术的创始

中华武术，以大仁大义为先，武德为上，武以德扬。

在战乱频繁的时代，墨家弟子训练士兵守城方法、强身健体、防身自卫、保家卫国都有一套训练体系。墨家旋极术是墨家弟子将守城的推演术与墨家部分力学原理在人体巧妙结合运用，由非攻剑（墨家剑或刺兽剑）化拳而形成武术流派。墨家旋极术的“兼爱”是武德的规定，习武的规矩要求；“非攻”是武德的执行，是武技：二者是体和用的关系。只有“兼爱”才能做到“非攻”，也只有“非攻”才能保证“兼爱”。“兼爱、非攻”是墨家旋极术的精髓，二者不可分割。武术中“点到为止、以武会友”的说法，正说明墨家“兼爱、非攻”思想对传统武术技击有深刻的影响。

墨家旋极术弟子都能善于学习，实践力行，勇于创新，从而使墨家旋极术不断发展成为一大技法体系。从多方面考证墨家与旋极术的关系，可知旋极术的创始者是墨家弟子，为弘扬墨学，纪念墨子，旋极术弟子们“仁义”为先，以墨子为墨家旋极术创始人。如图1–3，滕州墨子纪念馆墨子讲学石雕塑像。

图 1–3　滕州墨子纪念馆墨子讲学石雕塑像

二、墨家旋极术的传承

秦统一中国之后，采取了一些极端的统治措施，禁锢了很多传统文化的传播。汉武帝以后，除儒家文化之外，其他文化都被视为异端邪说遭到封杀。墨家文化得不到光明正大的传承，旋极术弟子只能口传心教，不敢公开传播墨家旋极术，也不敢提墨家，只有默默地在民间传播旋极术强身之法，教弟子做人的道理。

旋极术虽然历史悠久，但提到旋极术这个概念，大多数人都比较陌生。因旋极术弟子入门很严格，所传拳术，由于战阵所需，招式狠辣，出手就能速取人性命，并以入室弟子内授的方式不断丰富延传。清朝雍正、乾隆年间，山东滕县人刘腾，号“神医棍王”，师承武状元李琰与养父孙力等武术家，借山发挥，不敢提墨家，只好在旋极术前面加“龙山”二字，拳曰“龙山旋极术”，龙山旋极术只是墨家旋极术的一套综合拳术。旋极术弟子公认墨子为旋极术创始人，相传墨家一位姓旋（玄）的弟子使的旋极术。墨家旋极术历代弟子是发展创新者，刘腾是有拳谱记载墨家旋极术的第一位墨家弟子，我们尊刘腾先生为第一代墨家旋极术传人或曰墨家拳第一代传人。其传承代系：创始人为墨子——历代墨家旋极术弟子（发展创新者）——第一代传人刘腾（拳谱记载第一人）——第二代传人牛启来——第三代传人孙建成——第四代传人张作祥——第五代传人李佩森——第六代传人李忠学——第七代传人段成文——第八代传人孙新杰。古代旋极术的循环辈分："腾远体运佩，忠成新存在。永福祥功乐，文传武尚显。志德建旋极，海恒启重南。东定西北杰，荣生季士合。"

三、墨家旋极术近代的发展

1912 年，李佩森先生在山东滕县南部民间传授旋极术，并在当时县警察局教过旋极术，尽心尽力地推动旋极术的发展，那时习练旋极术的风气极高。后来李先生为生存，返回北京广收门徒授艺，从此旋极术在北京民间得以流传。在授艺中，教"柔体、灵体"的不教"稳体、功体"，弟子中会"稳体、功体"的不会"柔体、灵体"，所以旋极术弟子能有机会全面系统地学练旋极术者实属不多，加之当时授艺也仅限于"身教、口授、心悟"的方式，习练弟子根本见不到墨家旋极术拳谱。

上世纪 40 年代李佩森先生晚年带弟子李忠学、方赞在山东滕县城南孙庄教过旋极术，从其学旋极术者有孙兰真、孙本立等数十人。后来由于战乱，旋极术虽然当时在滕县没能系统地传播下来，但影响很大，为以后旋极术的发展奠定了基础。墨家旋极术名家王天蛟、方赞、李忠学的弟子段成文自幼好武，擅长旋极术、太极拳等功夫。机缘巧合的是，笔者在 1997 年 2 月 17 日以古老的方式，带着传奇的色彩，在北京天坛南门有幸拜在段成文大师门下。笔者对旋极术的痴迷感动了段老师，段老师毅然告别了繁华的大都市，随笔者来到了滕州县城，并用五年时间专传我一人旋极术。2002 年 3 月 18 日，在滕州小黑河畔笔者成为墨家旋极术第八代掌门人。段师要求笔者虚心好学，继续研究墨家旋极术，久悟"兼爱、非攻"与"武德、武技"的关系。他说："六十年代在滕县也教过旋极术，女儿段文静在四川省汶川县，从没学过旋极术，其纵有传人亦没音信，此皆因人为生存与当时社会历史所造成。"墨家旋极术这一民间绝技经过世代传习修正，形成了独到的体系，并记录于《墨家旋极术训谱》《墨家连挺桩谱》《墨家旋极术十字功》手抄本中，由历代掌门人保存。据段成文先生说，可惜这些手抄本在他手毁于“文革”。段成文先生云游四方，与微山的一个道长关系很好，两人常谈武论道。段师2002年10月5日去世于四川省汶川县，享年88岁。为挖掘旋极术不传奥秘，先生坚持大慈大悲之胸怀，行医研拳之精神，使拳术大明于世，拳术大成，福寿全归，则长留人间。墨家旋极术两千年来都未曾公开，可以说是墨家思想以拳术的方式遗留下的活化石，用身体的语言传承着墨家力学运用的精华，可想墨家旋极术发展的艰难与曲折。

如今构建和谐社会是时代发展的永恒主题，养生越发显得重要。墨家旋极术传人，在推广全民健身中，以“强身健体、自苦为极、兼爱非攻、武以德扬”为墨家旋极术发展宗旨，与时俱进。同时墨家旋极术逐渐走向开放，这对揭开墨家旋极术神秘面纱，发扬其精粹技艺有着积极作用。传承的是墨家旋极术“兼爱、非攻”的思想，挖掘的是墨家旋极术历史的演变，创新的是结合现实更好地继承墨家旋极术，让墨家旋极术的文化发扬光大，为彰显中华民族五千年的灿烂文化做出贡献。

第三节　墨家旋极术的推广

一、四海为家，访师学武，追求人生价值

笔者有三十多年的练武历程，以武为伴，以武为友。拜师学艺、访师求学、收徒传艺、参加比赛，不断磨砺，武艺精进。探讨太极拳、旋极术、形意拳、八极拳等内家拳相结合的理念。四海为家在别人看来是一件十分浪漫的事，事实上武术探索的过程并非只有浪漫，伴随而来的是寂寞、枯燥和清贫。不过，走进武术文化的殿堂，也是一种别样的享受，每有新知体会时，那种充实感是难以用语言形容的。能把自己喜爱的事业作为一生的追求是幸运的，更是幸福的。从拳术变化的形体上探究；从现代武术发展上体悟；到将来武术发展上去理解；从武术传统文化传承上去挖掘；从自然界万物的生克和人体运动特点上去探求；从现实生活中去体验升华武术的推广价值。笔者不断地拜师学艺，在恩师和众大师身上不仅学到了武术文化，更学到了做人道理。从武术拳理与拳

法、情感、胸怀、性格、人品等多方面悟各派武术，一切经历都是人格的历练、心灵的捶打、思想的整合。在几多模糊与清晰，失落与喜悦的历练轮回中，始终没改变的是笔者对武术的追求，吃苦的心态。执着的追求加上辛勤努力，成就了笔者探讨墨家旋极术的独到境界，“兼爱非攻、擒拿养生”的技击理念日臻完善。

二、继承传统，将墨家旋极术推向世界

在挖掘墨家旋极术的过程中，体会到历史给我们留下来的有精华，亦有糟粕。墨家旋极术也像太极拳一样“源于中国，属于世界”。随着国家改革开放政策的深入，随着信息产业的蓬勃发展，国际间的交流，尤其文化交流，不仅为墨家旋极术走向世界拓宽了道路，而且外来文化也直接影响和促进了武术事业的发展。先辈们创造了完备的武术文化，是很难逾越的，但在武术的表现形式等方面还有很大的发展空间。尤其是现代全民健身要改革发展，以简化推广的理念让人接受，要大力推广，尽量做到观念新、思路宽，可以体现出时代感。墨家旋极术还需要有一些专业人员来继承发展，不能丢掉来之不易的非物质文化遗产。我们有责任将墨家旋极术发扬光大，这是墨家旋极术传人的价值观，目的在于认识和把握墨家旋极术的内在规律，将传统精华吸收消化之后而又有所发展。基于此，2002 年在墨班故里、墨家旋极术发源地滕州，成立了滕州市武术（内家拳）研究学会，专门研究内家拳，把墨家旋极术作为主要研究对象。在 2004 年 8 月香港国际武术太极拳交流大会上，笔者获杨式太极拳、太极刀两项冠军，墨家旋极术作为展示项目，得到武术家施载煌、马虹等大师的高度评价。2005 年笔者在滕州开始收墨家旋极术弟子，大力推广墨家旋极术。2006 年开始编撰《太极拳与旋极术对练》一书。2007 年被推选为《中华武术名家·名校通鉴》编委委员。2008 年滕州二中新校全校推广墨家旋极术、太极拳，并组织 300 人旋极术方队参加山东省阳光体育活动。2008 年枣庄科技职业学院旋极术协会成立。2009 年 2 月笔者的个人专著《太极拳与旋极术对练》正式发行。2009 年 6 月个人传记入选《中国当代武林名人志》。2010 年第五届香港国际武术比赛把墨家旋极术正式列为比赛项目（编码号：0497 拳种：旋极术 英文名：Xuanji Martial Art）。2010 年 5 月，“滕州日报”以“旋极术的弘扬者与中华旋极术列为香港国际武术比赛项目”为题目给予专门报道。2010 年 8 月，

在香港九龙湾国际展贸中心举行的旋极术比赛项目中，滕州市武术选手取得历史性突破，共获得15枚金牌、26枚银牌、27枚铜牌，同时获得集体项目冠军，笔者作为本次比赛领队兼教练、滕州市武术研究学会会长，获最佳教练称号。2010年10月，滕州二中新校成立墨家旋极术专业武术队。2011年第六届香港国际武术比赛于8月16—17日在香港九龙湾国际展贸中心举行，来自中国内地各省、市、自治区以及奥地利、美国、乌克兰、挪威、法国等国家和地区的158支代表队近3000人参加了本次赛事，显示出香港国际武术比赛蓬勃的生命力和重要的影响力，滕州市武术选手获得柔体旋极术集体项目冠军，共获得金牌36枚、银牌28枚、铜牌22枚，团体总成绩高居第六名，孙新杰被大会聘为“名誉主任”。2012年7月，在韩国举办的第三届韩中健康太极拳及传统武术交流大会上，笔者率领的滕州代表队获得旋极术项目个人金牌16枚、个人银牌8枚、个人铜牌1枚，滕州武术研究学会获得中韩武术发展贡献奖，笔者被聘为裁判，是中方仅有的两名裁判员之一。2012年9月，善南中心小学正式成为墨家（龙山）旋极术、太极拳选才基地。2013年8月，第二届厦门国际武术大赛中，笔者带领的滕州二中新校5名同学参加比赛，取得了8块金牌、3块银牌、4块铜牌的好成绩，并被授予中华武术传播贡献奖，笔者被大会聘为“名誉主席”。滕州二中新校墨家旋极术专业队学生渠峰、翟斌、张汝新等以墨家旋极术考入上海体育大学、西安武警工程大学、云南农业大学等高等学府。

笔者为推广墨家旋极术，个人专著有《太极拳与旋极术对练》《墨家旋极术十字功》等；国家级论文有《论墨家旋极术之“兼爱非攻”》等；个人传记入选入《中国当代武林名人志》《中华武术名家·名校通鉴》《中华武术30年》《武魂30年》《世界武术家人物录》《华人精英大典》等。

第二章

墨家旋极术理论篇

第一节　墨家旋极术的解释

墨家旋极术属于中华内家拳系列之一。经考证，“旋极术”是墨家弟子由非攻剑（墨家剑或刺兽剑）化拳而形成的武术流派，古代叫“合一守”或“旋极守”，也叫墨家拳。墨家旋极术的拳法特点是“旋转两极、功柔稳灵”，不以招式的快慢为目的，主要练人的思想、智慧和强身的理念，其形体近似近代擒拿，以“旋极十字、功柔稳灵、对练生克”为套路特点；以“短灵、长稳、软活”为器械特点；以“顺、拿、柔、化、巧”的心态，在实战中以“明手、藏膝、暗腿”为运用心法，以“学拿、练拿、不用拿”的思想练“八法八技、八卦合一”。墨家旋极术主要练旋合劲、极一劲与松沉劲合体的旋极劲，随着后世的发展完善和传承，墨家旋极术弟子将守城的推演术和墨家部分力学原理与人体巧妙结合运用，提倡“学打、练打、能打、不打”的“兼爱非攻、擒拿养生”技击理念；主张爱己爱人，通过对肢体应用技法的练习，让习练者体会做人的哲理，从而达到锻炼人、塑造人的效果。墨家旋极术也是合理规划人日常习惯的运动项目，以积极防守为强身理念，能使人健康生存，使弱者变成强者；以“五旋五线”研究人的圆轴运动与重心旋转原理；以“强身健体、自苦为极、兼爱非攻、武以德扬”为宗旨，充分展示了中华民族深厚的文化底蕴和劳动人民的聪明智慧。

旋，即旋转，象征着阴阳的运动、消涨、综合与变换。“旋”代表“形正”，即墨家旋极术动作的非圆即弧、自身动作的合乎法度。旋在技术上的意思：“一是为轴旋，二是围点旋，三是斜面旋转，四是滚动旋转，五是空轴旋转。”“旋”是练合力，对练是旋的变化。旋在智慧上的解释是动脑子，就是转化思想，万物为正能源所利用，就是吸收能量转化思想，是合理运用身体的潜能，以平衡心态练“合”的养生方式。

极，即极致，拳术中是“两极生克、极动极静”的意思，代表阴阳两极，大到无边，小到无点，象征着旋极术极内、极外的文化内涵。“极”代表着“功正”，“极轻极灵，极柔极刚”。“极”在力上的体现是“合力与一力”的关系运用的程度，体会极小的巧妙方法，极大的强身功效，以心胸宽广、大气为健身理念。

术，即方法、技巧，是智慧的象征，讲究“以自然为友，以人生为法”，是高深拳术所追求的根本，术所称“法正”。

概括地讲，旋极术是以灵气为核心，以旋转动静之法为原则，能使形、意、气合一，动能聚能，静生灵气，练天地人合一之术，是智慧人体的合心术，综合了人的视觉、听觉、理觉、触觉，并将四觉配合起来，它以旋、耕、斜、回、帮、围、割、抛、靠、折十字为劲力基础，故名“十字功”。旋极术十字功演变成功、柔、稳、灵四种风格的拳术体系，它以踢、打、摔、拿、推、旋、扣、跌八种方法有机结合。其动作斜面求灵，松沉求稳，稳中求巧，弧中求变。以改变人体与地球接触点面积大小为特点，不脱离人体的运动规律和万物生克原理，是一种“以人为本，以人为用，以人为法”为基础，通过综合训练从而达到“形正，功正，法正”的合体术。它是科学人体、智慧人体的变化术。旋极术综合了健身、技击、艺术、医疗等不同学科的内涵，对不同年龄阶段或具有不同要求的人们均有不同的吸引力。在技击上旋极术不受身材、力量的影响，追求“因地制宜、因人而异，一触即化、一触即发、以巧制快，拳发于心，心发于体，体发于自然”的技击境界，同时还蕴涵着博大精深的武术文化。

第二节　墨家旋极术的基本要求

一、墨家旋极术对整体运动的要求

（一）十五处齐到

练墨家旋极术运动时，是以足、膝、胯、腰、胸、头、肩、肘、手等十五处同时攻击和防守，做到全身各处极度放松，上下三盘，都能体现功、柔、稳、灵的潜能运用，一动百动，上下相随。

（二）练五旋五线

练墨家旋极术运动时，体会身体运动时的轴旋、圆点旋、斜面旋转、滚动旋转、空轴旋转五种旋转方式，是为五旋，“五旋劲”能化劲也能发劲，是周身的旋转之劲。感受以肩胯为轴，上下肢的四种运动范围和腰椎为轴身体的运动范围，是为五线。“五旋五线”是使身体潜能极致化的练法，以“五旋五线”研究人的圆轴运动与重心旋转原理。

二、墨家旋极术套路特点

（一）旋极十字

墨家旋极术的主要元素是十字功，十字功分单练、对练与活步练三种练法。单练以“前后行、左右移、中旋定”为五行方位的自然平行步为主，以旋、耕、斜、回、帮、围、割、抛、靠、折十字招式的生克变化为基础，是知己的功夫，是爱己的练法；对练是知彼的功夫，体现为把对方的身体看成自己的身体一样爱护，是擒拿对练伸筋拔骨养生的方法，对益寿延年有独特功效；活步练是在直线运动的基础上，运用“两步一回头、三步一转身”的运动方式，是练身体与智慧结合的练法。

（二）功柔稳灵

墨家旋极术主要导体是“功、柔、稳、灵”四种能量有机地结合，表现方式是“功、柔、稳、灵”四套拳，不以招式的快慢为目的，主要是练人的思想、智慧和强身的理念。功架练气势，行步如虎；柔架练筋骨，行步如猫；稳架练心态，行步如鸡；灵架练变化，行步如猴。习练者通过“功、柔、稳、灵”形神兼备的练法，才能充分发挥身体的守攻作用，展现旋极术全方位的套路技术。

（三）对练生克

古代墨家旋极术套路都能对练，是练身体阴阳生克转换、平衡之法。功拳是以刚中有柔的方式练人的单练和对练，能练气势。柔拳是以柔中有刚的方式练人的单练和对练，能练筋骨。稳拳是练心态，放松，以高架和慢为主，体会松是旋极术到一定程度的感受。灵拳是练变化的套路，练灵而不乱的心智。对练生克是练知彼的功夫，是提高人体感应的练法，是墨家部分力学分析在人体展现的传承。

三、墨家旋极术技击特点

（一）擒拿养生，兼爱非攻

墨家旋极术擒拿养生是以擒拿对练为主的伸筋拔骨健身术。旋极术擒拿养生分单练养体、养心与对练养智两种。擒拿养生是双方积极按摩的锻炼方式，看成如玩玩围棋、象棋等一样，也是人与人之间的交友健康项目。擒拿养生练人体力学的变化，有守的思想、爱的理念、平衡的心态，是追求心态极放松的养生之道。“兼爱”是武德的规定，“非攻”是武德的执行，只有“兼爱”才能做到“非攻”，也只有“非攻”才能保证“兼爱”。

（二）八法八技，八卦合一

墨家旋极术是以灵气为核心，是探讨智慧的拳法，不是探讨在肌肉力量上的功夫。它正确分析人体的规律和万物生克原理，用人的智慧和身体结构、经络、穴位等组合了科学转化体能和智慧的方法。墨家旋极术其特点近似近代擒拿，是在破坏对方重心的基础上擒拿，必须和踢、打、摔、拿、推、旋、扣、跌八种方法有机地结合运用，巧妙根据八卦方位，研究身体走化，分析敌我双方的长、短、偏、正、快、慢、虚、实八种技术。合理运用力学，体会身体“一动一静”的“圆中用招”原理，以“积极防守”为理念，进行擒与解、守与攻、控制与反控制，充分发挥人的潜能，其目的就是更好地发挥墨家旋极术技法。

第三节 墨家旋极术与“兼爱非攻”

墨家的“兼爱、非攻”思想在旋极术的发展中，渐渐成为墨家旋极术弟子强身健体的训练宗旨，也是武德、武技展现善文化的传承。

墨子是精通武艺的军事家，他曾精辟地论述了剑的特点及剑术的自卫性质，“古者圣人为猛禽狡兽暴人害民，于是教民以兵行。日带剑，为刺则入，击则断，旁击而不折，此剑之利也”（《节用》）。“猛禽狡兽”在墨家旋极术的解释，一指豺狼虎豹；二指无恶不作的坏人。在此说明非攻（墨家）剑是防猛兽侵害人类而形成，能体现兼爱，是非攻之剑，是防守之剑，所以“兼爱、非攻”是墨家旋极术发展的核心思想。

墨家旋极术的“兼爱”是武德，学旋极术要从内心去追求，从小就把旋极术的“兼爱”作为做人之道修养的起码要求，培养正能量的心态是最好的养生之法。“兼爱”从小的角度看是爱人、爱己，古代是练“合一”，现代是练擒拿养生。通过两人之间身体接触练旋极术时的感应，体会把对方的身体看成自己的身体一样，拿对方的骨骼就像拿自己的骨骼一样，彼此都可以达到养生；单练也是用心的体会自己，爱护自己的身体，是感悟自己的过程。将“兼爱”思想贯穿到习练旋极术擒拿养生中去，展现知己知彼的强身健体之法。从大的角度看就是爱社会，爱国家。当今社会，我们呼唤诚信和必须遵守的做人做事的准则。学旋极术就要先学诚信做人，墨家旋极术是训练做人养生的拳术。《墨子·兼爱下》中说到“《大雅》之所道曰：‘无言而不雠，无德而不报。投我以桃，报之以李。’即此言爱人者必见爱也，而恶人者必见恶也”。旋极术在发展的过程中吸收了“兼爱”的思想作为其指导理念，成为旋极术门人源远流长、永久不衰的精神支柱。

墨家的“非攻”是反对侵略战争，提倡积极防御。墨子自己曾经带人参加过多次帮人守城的战争。墨家旋极术将守城的推演术与墨家部分力学原理在人体中巧妙结合运用，其本质是技击。武术中“点到为止、以武会友”的说法，正说明墨家“非攻”思想对传统武术技击有深刻的影响。墨家旋极术“非攻”是执行武德的行为，是武技，是在“兼爱”武德的要求下，身体技术的升华，能使人健康生存，使弱者变成强者；运用“八法八技、八卦合一、擒拿养生”来体会“学打、练打、能打、不打”的非攻养生理念。

“兼爱”是武德的规定，习武的规矩要求；“非攻”是武德的执行，是武技，二者是体和用的关系。“兼爱、非攻”是墨家旋极术的精神财富，二者不可分割。当今社会是文明和谐的时代，是各种文化相互吸收融合的时代，提倡“学打、练打、能打、不打”的“兼爱非攻、擒拿养生”技击理念。让我们一起走近“旋极”，亲和“旋极”，去领略“旋极养生”的魅力，体会它、接受它的“养体、养心、养智”的文化精髓。

第四节 墨家旋极术擒拿的基本常识应用与训练步骤

一、墨家旋极术擒拿力学的基本常识

(一) 练习擒拿要了解力学知识

学习擒拿，要了解人体解剖结构和运动规律，清楚力的三要素，即大小、方向和作用点，巧妙地使用力量，研究人体与地面摩擦力的变化，这是练好擒拿技法的基础。

凡是违背力学定律的擒拿动作，不论在墨家旋极术套路还是擒拿中，都会遭到无情的失败。想破坏对方的力量，求顶抗的结果是“大力胜小力、先力胜后力、顺力胜逆力等”，这种硬顶、偷袭、巧合的胜利，很容易形成反被人控制的局面。

正确的方法是在对方身体上找到合理的圆轴运转；能把握力的方向、作用点和大小，运用旋转斜面，依靠听劲，来巧妙的破坏对方的作用力，以达到克敌制胜的目的。擒拿的力是合力、协调力，古有“以巧破千斤”与“一力降十会”相对立的说法，旋极术擒拿根据自己的身材（身高，体重、力量大小），合理地练出适合自己的整体劲，根据实际情况，如“双方的态势、动作变化、力的方向和对方意图”等合理分配运用，体会“学拿、练拿、不用拿”的内涵，配合“踢、打、摔、拿、推、旋、扣、跌”八种方法，正确理解力学原理在擒拿中的实际运用，才能练出擒拿养生的伸筋拔骨技术。

(二) 墨家旋极术擒拿的定义

墨家旋极术擒拿是在研究旋极术“旋、耕、斜、回、帮、围、割、抛、靠折”十字生克的基础上，在破坏对方重心的前提下擒拿，它以伸筋拔骨为练习方法，提倡“学打、练打、能打、不打”的“兼爱非攻、擒拿养生”技击理念。利用旋极术的招式来记忆人体的关节，是一项能体现古代的搏杀技艺在当今社会点到为止的健身项目。

墨家旋极术擒拿分擒拿养生与擒拿防身两种。擒，人体两个以上部位产生合力、杠杆力，来控制对手骨骼，以达到控制全身为目的；拿，以手法抓筋拿脉为主，单手为拿，拿气血、穴位等，旋极术主扣不主抓。擒拿养生（墨家旋极术十字功对练）的含义："一，内因是通过擒拿积极锻炼身体，尽量控制不平衡的身体因素；二，通过擒拿积极练防守，是在心态平和的基础上练擒拿养生"。擒拿防身的含义："一，擒拿防身是外因来犯，练动脑防身的手段，我方应有防的心态，能体现'非攻'；二，擒拿防身是从旋极术技击中演变而来，分擒拿防身十级，也叫'墨家旋极术十级擒拿'。"以"学拿、练拿、不用拿"为练习心法，只采用各种徒手格斗的手法，利用技术控制人体至少三个不相邻关节而控制整体，结合击打穴道和要害部位，使对方身体以局部控制全身产生剧痛而束手就擒，是武术的体现。

（三）墨家旋极术擒拿力与劲的关系

墨家旋极术擒拿本身就是用劲的学问。力与劲，在日常生活习惯中似乎并无什么区别，不习武的人们常把力当成劲。传统的旋极术虽然讲劲，但并不排斥力，不过在擒拿技术中，二者是有区别的。

力是一个方向的直线运动，也叫"一力"，常人喜欢用直力。力是人先天具有的本能，是肌肉收缩力，往往是人的局部力量。

劲是多个力的复合组成，叫旋劲，能以意气调整身体变化，是后天练出来的合力，也是圆转曲线运动形式。

（四）墨家旋极术擒拿长劲与短劲的关系

墨家旋极术擒拿发劲分为长劲和短劲两种。长劲应该顺着用劲，以发放极点与对手重心点为直径时所发之劲为"长劲"。发长劲时，重心有较大移动，一旦失去支点就重心不稳，发劲时人很容易被捋带而跌倒。

短劲也叫"寸劲"，是身体在"意与气"支配下，筋骨放松，整体旋转，关节沉抖产生的瞬间爆发劲，是发放极点与对手重心点为半径发劲。发短劲重心基本不动，不管打上打不上，都不易失重，杀伤力大。长劲与短劲都以丹田发劲，触点为力点，上丹田发劲为松劲，中丹田发劲为入劲，下丹田涌泉发劲为根劲。

（五）墨家旋极术擒拿“合一”用力三要素原理

墨家旋极术擒拿，不是单一的从某个关节考虑力的三要素，而是整体用力的三要素原理，根据“转化五旋、旋转斜面、切线变化、发放路线”等，训练出墨家旋极术“合一”用力三要素，即复合力点、重心支点、作用线。

（1）通过转化“五旋”的技术牵动、推动、晃动对方，给自己创造有利的条件。用手法控制人体至少三个不相邻的关节（A、B、C 来表示），将 A、B、C 点分别看成身体组成三个不同圆的切点。当没受力运动时，A、B、C 三个切点连线就形成一个斜面；当受力运动时，A、B、C 三个受力切点的连线就形成了多个旋转的变化斜面，能巧妙控制整体的运动，我们把这种复合斜面控制力叫复合力点。

（2）运用复合力点能以最小的劲改变身体平衡的重心点与地面接触的点叫重心支点。

（3）将 A、B、C 控制的切线连线的复合斜面体的复合力点，以身体为转化旋转的圆，利用“圆切线、离心力、向心力”来控制对方发放的路线叫作用线。

二、墨家旋极术擒拿劲力的转化与培养

墨家旋极术擒拿劲力的转化与培养，是以人为本、以人为用、以人为法，来研究人体潜能的科学练法。只有劲力会转化，才能以巧制快地控制对方，达成擒拿强身与防身的功效，主要是练体感与劲感的变化。

擒拿内劲的培养不是像举重用杠铃一样来表现力量，而是通过人与人之间接触的劲力转化，练靠、推、抖、扣的攻防能力，正确分析劲力的应用原理，寻求巧妙的训练方法，旨在培养人体“力学与思想”的结合变化。

（一）墨家旋极术劲力转化分析

注：双人对练图分析，以左为甲方、右为乙方，下同。特此说明。

1. 牵动重心的方法

如将人牵动，先用向下的力时不利于成功。如图 2-1 中，AC 是向前、向下的劲，根据平行四边形定律，这个力有两个分力，“一个分力是 AE，这是

一个撑地的力；另一个分力是 AB，是向前的力，也是使对方身体旋转失重的有效分力”。

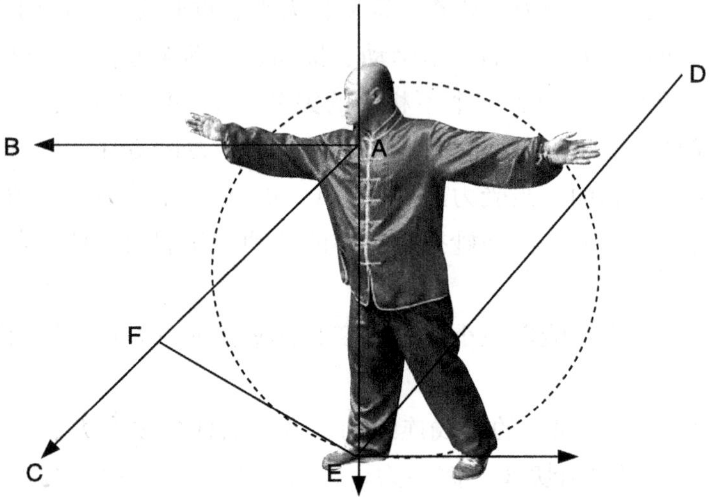

图 2–1

如果 E 点作为以 AE 为直径圆上的一点，运用圆滚动原理，AB 可以向前微牵动对手；再以 AE 上的 E 点为圆心点，AB 垂直 AE，则 AB 为这个圆的切线，所以 AB 是最好的有效力。因此牵动对方的重心，不要一开始就向下拉，要顺对方重心线的垂线向前引，然后向下牵动。多角度地研究切线牵动原理，有助于牵动对方。

2. 沿圆的切线推动省劲原理

当同等大小的劲，推两个圆盘（图 2–2）。有两种情况，“一是作用劲意穿过圆盘重心推动，这个劲只能使圆盘沿劲的方向移动或不动，如图 A；二是作用劲意不通过圆盘重心，而用劲意通过圆盘多个切线的连线，沿圆盘的滚动和移动推，如图 B，很容易推动或移动圆盘”。由此可见，同等大小的劲作用点不同，产生的效果也不一样。说明两人擒拿时，要想通过推动破坏对方重心，应首先建立圆的理念，将人体假想成多个圆的复合，寻求合适圆切线的连线推动，是推动省劲原理的运用。

图 2-2

3. **人体平衡的分析**

当人正常站立时，两脚张开的面积与重心移动决定其人平衡性的大小。可以把人体站立想象成一个竖立的长方体，如图 2–3（A），其重心投影点决定稳定性。

当侧向推动长方体时，能产生三种情况，“一是推劲不大时，不能破坏长方体的平衡，长方体将平衡站立，如图 2–3（B）；二是推劲能使其向一侧倾斜时，中垂线超过支撑面时，长方体将倾倒，如图 2–3（C）；三是推劲能使其向一侧倾斜，若中垂线不超过支撑面，是平衡转化点时，长方体可以恢复平衡，也可以改变角度向另一方倾倒，如图 2–3（D）”。由此可见同样重的物体，平衡性与高度和底面积有关系。研究物体平衡与人体平衡是一样的，无论是推撞或牵引，都能体会“失去平衡找平衡”的感觉，应在保持身体平衡的基础上练墨家旋极术动作。.

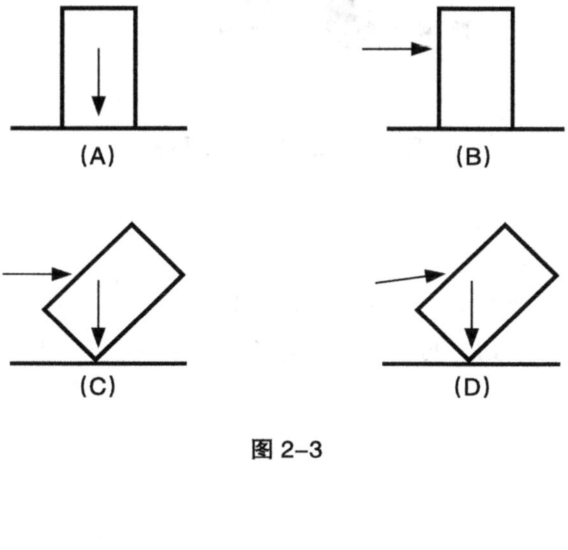

图 2–3

4. 阴阳三点五线七星扶手桩

此桩是心态平衡桩，能规范身体，练精、气、神合一，以凝神静气为主。“阴阳”指身体重心落在两脚中间，使身体左右、前后、上下便于移动。“三点”，两肩中间的点为上点，是防身点；身体膻中穴为中点，是灵活点；身体中丹田为下点，也是防守点。“五线”指人体运动的两手臂线、两腿脚线、一中轴线。“七星”指头、肩、肘、手、胯、膝、脚七个主要能攻击与防守的部位。站桩旨在锻炼人的整体感，在相对静止中找动的感觉，练成身体的高度灵敏，能激发人体潜能。要点：心神极静，周身放松、意在外求、皮静骨动。体会腰主肩胯感四肢，功柔稳灵身为墙的感觉。图 2–4 为左式。

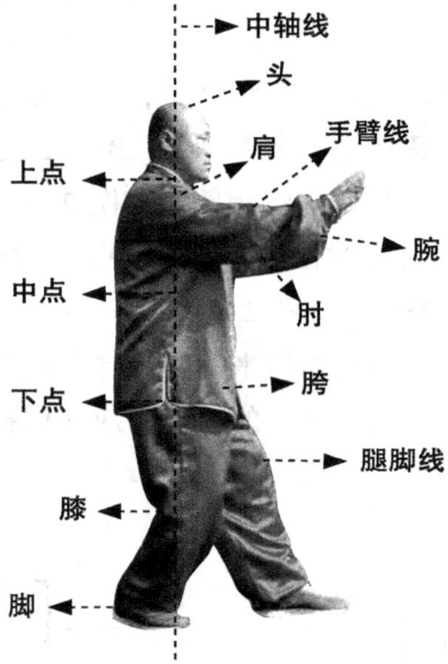

图 2–4　三点五线七星图

5. 轴旋转化劲的分析

甲乙相对站立。当乙双手按住甲双臂外侧时，甲先两掌心相对，迅速以双臂为轴自转来化解乙推按劲，两手掌心斜向乙方；目视乙方（图 2–5、图–6）。

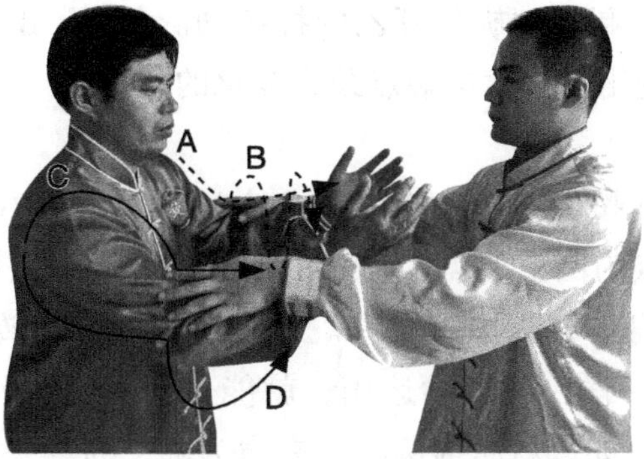

图 2-5

图 2-6

内劲分析

图 2-5 中（实点转化原理），A 指甲以整体开合劲推动自己左臂的尺骨和桡骨为轴旋转产生的圆转化劲，左肘为后援力，劲要微旋不断；B 指甲左前臂要内外旋结合，体现轴旋转化劲的运用；C 指甲右肘绕右肩点旋劲，也是伸臂产生斜面的化劲原理；D 指甲右肩下沉推动肘产生的旋转劲，是由下向上的发劲原理。此 A、B、C、D 四种技术的运用无论是发劲或化劲，双肘磨旋划圆要小，脚蹬地要稳，都要上下统一、协调一致、劲无常形、左右有别，才能解化乙的推劲。

图 2-6 中（虚点牵引转化原理），A 指甲左手指要松，手掌的翻滚能增加轴旋的劲力，身体要攻，意在乙身后；B 指甲右肘内旋划立圆与肘尖下沉前后划

平圆，同时推动前臂的旋转，利于轴旋化开乙的推按劲。此 A、B 两种技术是通过身体不接触的部位牵引变化，化掉接触点劲力变化的方式。

6. 圆点旋转化劲的分析

甲乙相对站立。甲双掌前按，双臂（肘部微上方）外侧被乙双手按住时，如甲以右肩为圆心，右臂触点为圆上的点，让乙的按劲始终作用在甲圆点的切线上，不让乙按劲透过自己身体，为圆点化劲。甲左右臂圆点旋转化劲一样，但运用的劲力大小、快慢不一样，如巧妙运用，就能化开乙的推劲（图 2-7、图 2-8）。圆点化劲是相对的，如以右胯为圆心，右肩为圆上的点；以右脚为圆心，右胯为圆上的点等身体的关节能转化组成多个不同大小的圆，巧妙地使进攻者在自己多个圆的切线上发劲，叫圆点化劲。

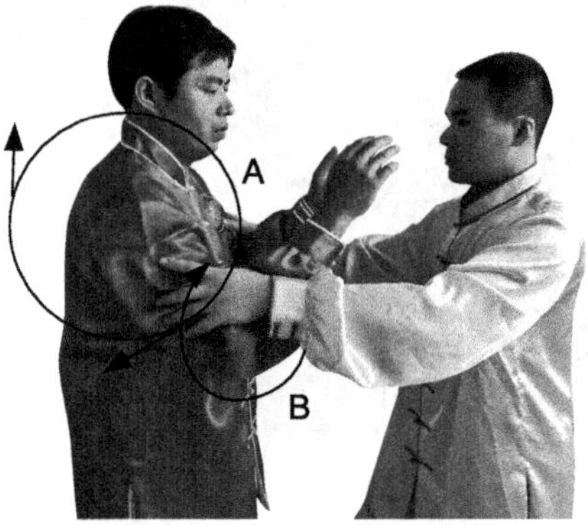

图 2-7

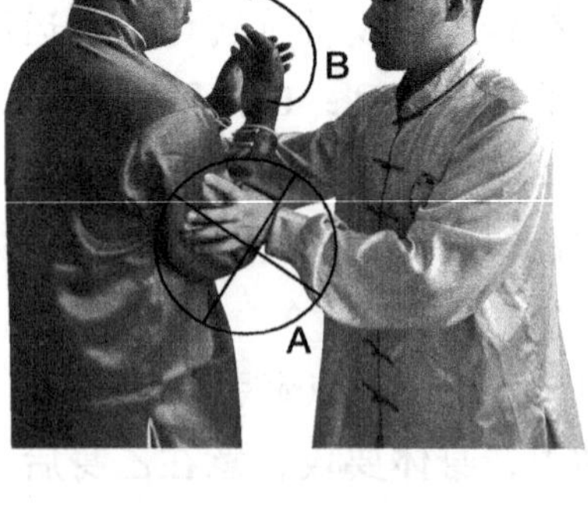

图 2-8

内劲分析

图 2-7 中，A 指乙左手按在甲右臂上，甲以自己右肩为圆心，让乙通过圆变化的切线，体现圆点化劲原理。B 指以乙按住甲右臂的接触点为圆心，相邻肘关节可以绕圆心接触点旋转，能省力化劲，也是圆点化劲的原理。

图 2-8 中，A 指甲利用圆旋转对折的原理，是大圆变小圆的过程，能破乙推劲。B 指甲通过手指的导引，能使乙劲力转化不顺，让乙劲力始终在甲身体圆运动的切线上，可以省劲。

7. 斜面旋转化劲的分析

甲乙相对站立。双方同侧手腕以右手背相接，左手掌扶在对方肘部，目视对方。当乙推甲时，甲速以右手腕和右肘与左手三点形成斜面，向乙方左胯外侧旋转斜面；化开乙的推劲（图 2-9、图 2-10）。

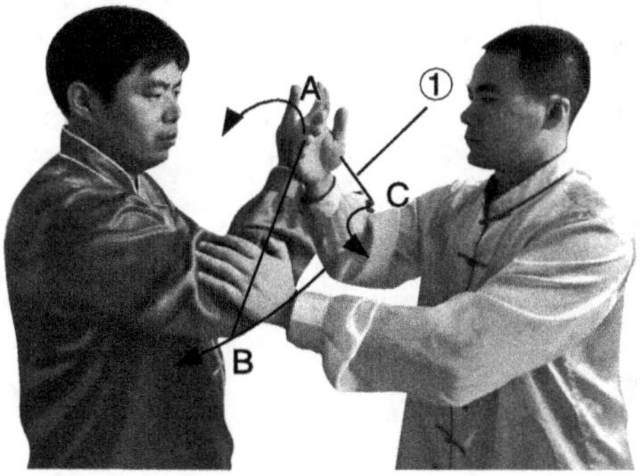

图 2-9

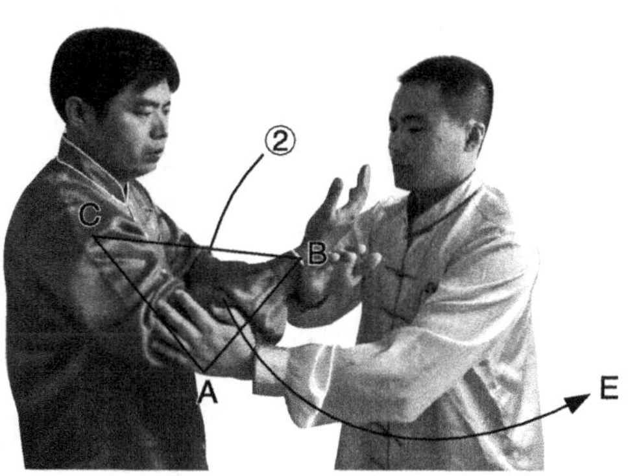

图 2-10

内劲分析

图 2-9 中，①指甲右手（A）、右肘（B）、左手（C）接触的三点建立斜面，让乙方一接手就有扶在斜面的感觉，如对方劲大，就让对方沿斜面用劲，使对方感到心有余而力不足。

图 2-10 中，②指将甲右肘（A）、右手（B）、右肩（C）形成一个斜面，通过旋转斜面，能看成不规则的多个斜面旋转向乙左胯外方向，向乙身体旋推（图中 E 的方向），是复合旋转斜面化劲的原理。

8. 滚动旋转化劲的分析

甲乙相对站立。当乙双手按甲右臂于体前时，甲右手踏在自己左肘内侧，甲右手、右肘、左手形成三角形。接着甲双臂微向下翻，左前臂滚动旋转解化乙的推劲（图 2-11、图 2-12）。是三角形滚动旋转化劲的运用。

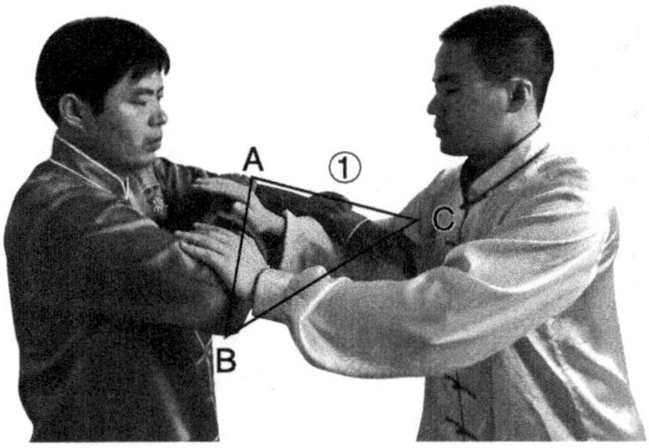

图 2-11

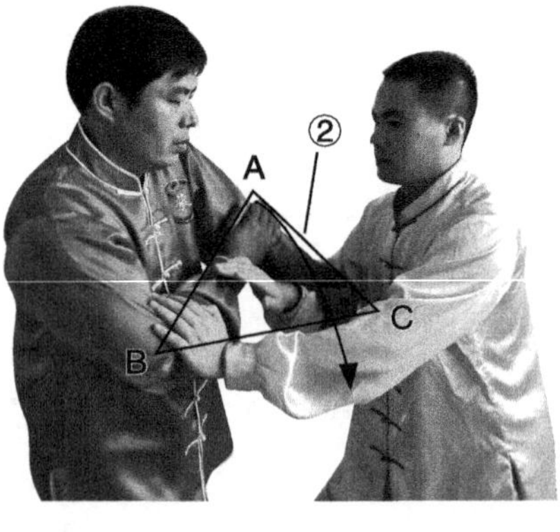

图 2-12

内劲分析

图 2-11 中，①指甲右手（A）、右肘（B）、左手（C）建立可变化的旋转三角形，能增加转化劲力，是滚动旋转化劲的方式之一。

图 2-12 中，②指甲右手（A）、右肘（B）、左手（C）形成三角形变形滚动化劲原理之一，就像螺丝刀钻木板一样，顺式滚动旋转化开乙推劲。

9. 空轴旋转控制的分析

甲乙相对站立。当乙双手异侧推甲双臂时，甲顺式双手合力，意想乙右手腕与右肩是一个空轴，以左右手合劲前后旋转推动乙空轴，将乙方控制（图 2-13、图 2-14）。

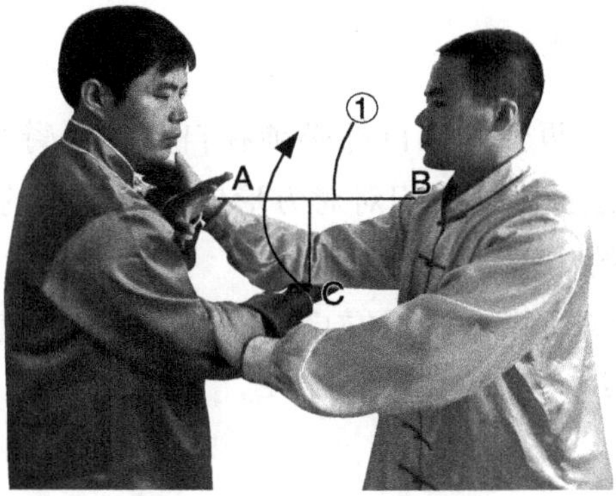

图 2-13

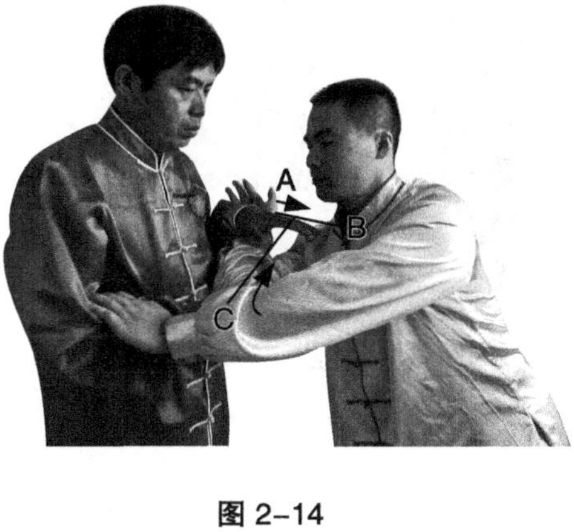

图 2-14

内劲分析

图 2-13 中，①指乙右手腕（A）与右肩部（B）建立空轴，乙右肘部（C）到空轴的连线是半径，随乙手臂的收缩，半径不断改变，甲随乙右肘旋转向上旋 A、B 空轴来控制乙身体。

图 2-14 中，②指圆轴收缩原理，乙右手腕（A）与右肩部（B）建立空轴，乙右肘部（C）到空轴二连线是半径。当乙屈臂时，甲左手向乙右肩部推乙右臂，同时右手向上旋转空轴，控制乙方。

（二）墨家旋极术劲力培养的练法

1. 靠

口诀：靠要松，斜面生。八方求，近身功。

第一式　敬礼上下开拳式

动作一：甲乙两人互行抱拳礼后，两个人各自都必须在自己的手臂与身体之间保持一种相对的体感劲，它可以在身体外围相对对方形成一个动态的防线，如城墙一样，有感知、防御对方劲力的作用（图 2-15）。

动作二：接上动，甲乙两人均右脚后撤一步成左虚步；同时右拳变掌，左掌前劈，右掌置于左肘内侧；目视对方（图 2-16）。

图 2-15

图 2-16

动作三：接上动，甲乙两人均左脚外展，上右步；同时双掌变拳，右臂斜向下靠臂，以求双臂放松（图 2–17）。接上动，甲乙两脚不动，以腰带动身体，右臂由下向上靠臂（图 2–18）。

图 2–17

图 2–18

要点

练上下靠臂，握拳要松，体会斜面靠劲，意守丹田。长期练习靠臂，可以增加前臂的斜面靠劲，在实战运用时，才能得心应手。

第二式　回身上步横掌击

动作一：承上式，甲乙两人均右脚后撤一步成左虚步；同时甲乙均双拳变掌，左掌前劈，右掌置于左肘内侧；目视对方（图 2–19）

图 2–19

动作二：接上动，甲乙均左脚外展，右脚向前一步成半马步；同时甲乙均左掌后甩，右掌横击靠对方手臂内侧（图 2–20）。

图 2–20

要点

练掌功的方法，通过两人横掌击，能练两臂的横劲、两手腕的灵活、手指的感应。

第三式　内外肩胯靠上身

动作一：承上式，甲乙均撤右步上左步成马步；同时双掌交叉，右掌在外，以左肩、左胯外侧靠对方（图 2–21）。

图 2–21

动作二：接上动，甲乙均撤左步上右步成马步；同时甲乙均双掌合中求开，以右肩内侧、右胯外侧靠对方；目视对方（图 2–22、图 2–23）。

动作三：接上动，甲乙双方后撤右脚，并步站立，相互行抱拳礼（图 2–24）。

图 2–22

图 2–23

图 2–24

要点

练腰、胯、肩的方法，通过靠，练双肩的抖劲、双胯的撞劲、腰部的灵活劲。

2. 推

口诀：开要稳，推要圆。呼吸妙，内劲生。

第一式　磨肩开

动作一：甲乙均右脚在前成右虚步；同时双方右手腕外侧相接，左手扶对方右肘部（图 2–25）。

动作二：接上动，乙右弓步双手推按甲右手臂；甲右手顺式将乙的右手引到自己左肩上，以身体带动全身，左手配合右手与左肩化掉乙的推力，随后弧形将乙的右手臂推开到自己的中心线（图 2–26、图 2–27）。

图 2–25

图 2–26

图 2–27

动作三：接上动，甲右弓步，双手推按乙的右手臂；乙右手顺式将甲的右手引到自己左肩上，以身体带动全身，左手配合右手与左肩化掉甲的推力，随后弧形将甲的右手臂推开到自己的中心线（图 2–28、图 2–29）。

图 2-28

图 2-29

要求说明

同侧手防守时，通过吸气带动身体旋转，能改变对方的劲力和路线，以自己为中心，让对方旋转，是配合吸气防守，是吸气劲力的练法。同侧手进攻时，通过呼气身体旋转，得式就按对方重心，不得式就旋转对方劲力，寻求推按点，是配合呼气练劲力的方法。此式是同侧手呼吸练内劲的方法（配合腹式逆式呼吸法）。

第二式　松沉推

动作一：甲乙均右脚在前，甲松沉下坐，异侧双手推乙双臂外侧时，乙顺式后坐，双臂由内向外、向内微前折甲双手腕，目视对方（图 2-30、图 2-31）。

图 2-30

图 2-31

动作二：接上动，乙右弓步顺式异侧双手推甲双臂外侧时；甲顺式后坐，双臂由内向外、向内微前折乙双手腕。随后双手推乙双臂外侧，目视对方（图2-32—图 2-34）。

图 2-32

图 2-33

图 2-34

要求说明

异侧手防守时，通过吸气旋臂身体下沉，改变对方的劲力和路线，是练吸气的劲力；异侧手进攻时，通过顺式推按对方的两上臂，是练呼气的劲力。此式是练异侧手呼吸内劲的方法（配合腹式逆式呼吸法）。

3. 抖

口诀：抖要巧，上下找。劲外求，棍合一。

第一式　开棍

动作：甲乙均右脚在前，右手在前握棍，左手在后抓棍端；甲乙均双臂持棍由左向右、向前、向下开对方的棍，以自己腰为圆点旋转，然后双方持棍向左、向前、向右、向上碰撞对方的棍；目视对方（图 2–35、图 2–36）。

图 2–35

图 2–36

第二式　合棍

动作：甲乙均右脚在前，右手在前握棍，左手在后抓棍端；甲乙均持棍由右向左、向前、向下合对方的棍，以自己腰为圆点旋转，然后甲乙均持棍向右、向前、向左、向上碰撞对方的棍；目视对方（图 2–37、图 2–38）。

图 2–37

图 2–38

要求说明

抖棍对练，动作简单易学，主要练身体运动与棍法的动作协调一致，将形神贯注于棍法中，能练开合劲、斜面劲、抖劲。

4. 扣

口诀：拿要柔，扣其中。整体劲，站功求。

抓铁球手臂要放松，是马步桩与扣劲的练习。练习的时间尽量加长，一手练累换另一手练。可以配合腹式逆式呼吸练习。要体会身体的整合劲与扣抓球劲之间的关系。此式是以右手为例的动作（图 2–39）。

图 2–39

三、墨家旋极术擒拿劲力的应用原理

墨家旋极术擒拿劲力的应用从顺、拿、柔、化、巧五个方面来研究，利用旋中原理来探讨圆轴运动的力学结构，根据进攻的距离、进攻的位置、进攻的速度、进攻的目的，运用“五旋五线两心”，灵活多变，求得机得势。应仔细体会墨家旋极术擒拿的劲力学变化原理。

（一）顺在墨家旋极术擒拿中的应用

在擒拿劲力的较量中，顺能隐藏人的意图，“一看、二走、三集”。顺分得势顺劲和造势顺劲两种。“得势顺劲”指敌被我顺的意思，应抓住机会才能牵动对手的重心，顺中求变才能借人的劲为我方所用，才能体现“以小胜大、以巧制快”。“造势顺劲”指不得势时，脚要稳着顺，手要灵着顺，能顺开对方攻击的力点与力线，是积极的顺。

（二）拿在墨家旋极术擒拿中的应用

在擒拿劲力的较量中，贴近对方，用力量或气势逼迫对方在被动条件下出力反抗。巧妙地利用人体结构，破坏对方的重心，体会学拿练拿不用拿的转化原理，结合八法八技、八卦合一的技术理念，是拿在墨家旋极术擒拿中的应用。

（三）柔在墨家旋极术擒拿中的应用

柔是绳的力量。绳的内劲是惯性的爆发力，柔不怕折。绳动如蛇，柔是化劲的基础，用水的原理练柔推劲。水有顺劲，还有反膨胀劲，水分子还不停地做无规则运动。墨家旋极术用水的原理练柔推劲是练人接手时，无规则的变化，能体现顺势借劲和造势顺劲。积极顺势才是柔顺的真理，用柔推劲破坏对方重心后擒拿是墨家旋极术擒拿的特点之一。

（四）化在墨家旋极术擒拿中的应用

化是圆的切线力，斜面的转化劲，是练转动劲和牵动劲。化开始是引动劲，变为进逼劲，使其反抗力没有着力点而出现重心漂浮、脚跟拔起，是练接触点弧形化劲的技术，在擒拿中的化劲是以守为主。

（五）巧在墨家旋极术擒拿中的应用

擒拿不能单一去求拿法，要合理运用踢、打、摔、拿、推、旋、扣、跌八法，结合人运转招式的长、短、偏、正、快、慢、虚、实的变化来练习，巧是拿的要素。“长、短”是指身体高低的长处和短处，身体个矮的走下顺，个高的上下结合顺；“偏、正”是双方攻守的路线，“偏”是在自己不顺时，向对方的斜角用招，让对方被动自己顺。“正”是在得势时，近身攻防；“快、慢”是相对速度的说法，在此不是指手的伸缩、脚的进退速度，专指抓机会的速度，不能失战机为快慢的解释；“虚、实”是通过整体分析，判断对方的真假为虚实。能得机得势与无根之人对抗，是巧在墨家旋极术擒拿的应用。

四、墨家旋极术擒拿的好处

（一）传承文化、健身全民

墨家旋极术擒拿是以开发人体健康为目的，以“强身健体、自苦为极、兼爱非攻、武以德扬”为宗旨，练人体的永恒智慧，求健身的至高学问。是双方擒拿按摩的养生之法，主要以兼爱、非攻培养武德、武技，以修炼人品为主，体现会养就会防，也会攻的原理。是面向广大幼儿、儿童、少年、青年、中年及老年的一种擒拿养生类型，也是公安、武警、保安等特殊行业工作者的守卫养生术。

（二）科学训练、内外兼修

墨家旋极术擒拿是增强身体的功夫，进攻要假攻，防守要真防守，以练防为主，也是以肢体语言培养人思想品德教育的方式之一。墨家旋极术擒拿是伸筋拔骨的科学运动，能调身、调息、调心，能预防关节损伤，规范习练者从关节的生理功能角度保护关节。从而改善和克服肌肉、筋经、骨骼、关节的僵硬状态；知道拿的程度；求心理方面的自然顺和、放松；练身体上下周身相随的能力。墨家旋极术擒拿体现“贴身”去传递攻防信息，运用身体语言的相互联系和相互制约，引导拳法动作，以顺为主，排除急于求成的思想，充分发挥踢、打、摔、拿、推、旋、扣、跌八大法的生克变化，从而达到知己知彼的功夫，将人的内外潜能融为一体。练墨家旋极术擒拿能增强体育意识，养成体育锻炼的习惯，练吃苦的毅力和对健身的决心等，从而积极成为体魄强健的有用人才。

五、墨家旋极术十级擒拿的训练步骤

第一步　练墨家旋极术十级擒拿心态调整

1. 学习目的

墨家旋极术十级擒拿是墨家旋极术为人类健康，以肢体语言来刻划人的行为，让习练者体会做人的道理，是用武术的方式传承着墨家文化，展现墨家力学文化符号的传播。

2. 端正心态

练习墨家旋极术十级擒拿，要双方互相关心，把对方的身体看成自己的眼睛一样爱护。

3. 理论实践

谦虚好学，先认真学习一至十级墨家旋极术擒拿的理念和具体要求。要有时刻从零开始的心态，感受由无级到有级再到无级的人生观，多体会墨家旋极术十字功。在双方技术娴熟的基础上，不断加大难度，提升技术的完善性。

4. 德才兼备

墨家旋极术十级擒拿能练人的“毅力”，是技术与人品的统一，提倡兼爱非攻、擒拿养生的技击理念。墨家旋极术十级擒拿技术高深者，具备相当的攻击能力，在练习中不注意会给对方造成伤害，要注意身心品德培养和技术准确性的培养。

5. 传承旋极

认真对待，科学训练，长期体会，一生锤炼。对文化素质、礼仪修养、武德武技等方面，要多学、多体会、多总结，积极成为墨家旋极术十级擒拿的优秀习练者、推动者、传承者。

第二步　墨家旋极术十字功是墨家旋极术十级擒拿的基础

墨家旋极术十字功由旋、耕、斜、回、帮、围、割、抛、靠、折十字组成，既能单练又能对练。墨家旋极术十字功对练的方式就是擒拿对练，是练“固定把位”的擒拿路线。通过练习能了解人体结构，用自己的大脑，练自己的骨骼、肌肉、内脏、经络、穴位等，知道自己的要害、弱点、手眼身法步，是学墨家旋极术十级擒拿的基础。通过墨家旋极术十字功对练，了解十字功擒拿动作的生克，以练身体、强筋骨为主，充分体现擒拿养生的原理。

第三步　墨家旋极术十级擒拿的复合技法

墨家旋极术十级擒拿是以墨家旋极术十字功为基础发展而形成的，能体现“城中城、招中招”的以守为攻的变化原理，是研究人体力学的训练方式，并吸收“功、柔、稳、灵”四套墨家拳术中的动作而形成的56招擒拿。根据转化五旋、旋转斜面、切线变化、发放路线等，训练出墨家旋极术合一用力三要素，即复合力点、重心支点、作用线。体会学拿练拿不用拿的原理，“学拿”是研究人的运动规律，是以人为本的配合之法，只能简单的自卫，是十级擒拿的招式；练拿是练人的转化之法，“练拿”是活把位的练法，正确分析十级擒拿的某一动作战术变化、力学分析，初步转变对方并不抓握我身体的任何部位，我练控制对方的理念。“不用拿”是积极全面防守的分析方式，以求灵活多变为宗旨，研究对抗心理学知识，练人的运动潜力，是一种智慧之学。在运动中运用八法八技、八卦合一等墨家旋极术战术，要考虑相邻关节的有效运动，对应关节的变化性，上下关节的合理性等，将技术与战术融为一体，要技法全面，借力使力，以巧制快，才能成为真正完整的墨家旋极术十级擒拿技术。

第五节 墨家旋极术实用口诀

练拳须知

打人在压强，伤人在气血。比赛在规则，养生在巧练。

旋极术宗旨

强身健体，自苦为极。兼爱非攻，武以德扬。

旋的口诀

旋极找到化劲巧，积极防守变化先。合力久练圆中求，动脑转化旋中生。

极的口诀

练用极妙分大小，心态放松水平找。极轻极灵刚柔现，合一久练巧制快。

旋极术要诀

学拿练拿不用拿，四面九宫劲劲通。术集八法十五处，五行生克十字功。八卦合一如城墙，旋转斜面极化发。爱人爱己爱社会，习武传德永不忘。

旋极术八大法口诀

踢在行步间，打在抬手时。摔在脚起落，拿在控制先。推在劲不丢，旋在圆中求。扣在合为贵，跌在粘地巧。学拿练拿中，八法互生克。

旋极术套路特点

功打乾坤定气势，稳住心态旋缠绕。万招归一养气血，柔曲百折化劲巧。灵求变化万千生，松体透空拳法成。

功体套路特点

头顶身松胯打中，劲猛干脆柔刚成。远近高低相骨巧，踢打推运虎行中。

稳体套路特点

意气中正内外修，三盘稳定任敌攻。稳住心态鸡松灵，抖胯合腰周身通。

柔体套路特点

拳势柔运求自然，曲中求直直中曲。化劲巧妙身猫步，旋转斜面极化发。

灵体套路特点

灵练生克猴步巧，随心所欲拳无形。一触即化一触发，心中旋极术通久。

十字功特点

松无极处不旋踵，心身透空武德明。无形无相招归一，博采众长一生松。

学德求艺诀

人无德不立，国无德不兴。学武先学德，德正学理通。通理方授艺，艺成名天下。

练功诀

问地要力腰主宰，肩胯开合感四肢。斜面旋转极化发，骨旋意攻气血通。养生整体如筑墙，意深久练旋中藏。养生久求要得法，阴阳一体求精良。

感悟拳理

体会自苦为极，找切线求原理，避乱世于深山，养精气于丛林，感日月之造化，观流云之变幻，悟墨剑之特点，求非攻之德性。

旋极术的传承体系

腾远体运佩，忠成新存在。永福祥功乐，文传武尚显。志德建旋极，海恒启重南。东定西北杰，荣生季士合。

旋极术十二大劲

旋极起式礼当先，十二劲法代代传。力推龙山虎聚力，游龙入水回身式。凤凰展翅开预合，旋转斜面合预开。望云漂浮升气力，大雨倾盆将入地。自然相生龙旋风，流星赶月穿神通。上下旋转狮摇头，前后开臂射雕弓。提壶贯顶拔筋骨，周身松体意气灵。若问旋极根何在，非攻剑化滕县传。

功劲五十六字诀

沉长绵活按轻灵，刁拿锁扣旋抖领。虚粘连随柔拧压，别抗折搬挣合缠。采探盘推帮斩钻，挫顶挑插抱巧弹。捌脆冷硬快剔挟，掐斫挟带闪腾挪。

旋极术总诀

旋极是拿苦极生，永不旋踵传德名。手眼身法步中正，三节转换腰臀灵。五技合体变化诀，心法合技快慢成。配合体用防拳攻，进退意气找发力。武运心境松感拿，近打运转巧入法。高手运化技法诀，武医合体防打教。

手法诀

出手三节动，虚实拳掌勾。轻灵一变三，移身运机能。

手法变化诀

击掌合指如箭头，未到身体变拳头。拳出自然旋转劲，内旋外旋互变奇。

眼法诀

眼法如闪电，要随敌身转。前后左右顾，肉眼与心眼。

身法诀

周身运转是一气，一灵周身移动筋。飞来飞去如蝶舞，出手沾身水入土。

身法诀（一）

立身中正旋，脚趾松根生。肘膝含弧形，胯腰一体功。

身法诀（二）

身分上中下，动静起落间。正侧重心定，进退变无穷。

步法诀

虚实四方生，重心变步形。周身正斜转，动快静如山。

中正诀

上下一条线，全在腰间转。功夫分毫厘，口传和秘传。

肩法诀

肩劲耸砸合，肩平抖起落。呼应要自然，旋劲随肩弹。

观肩诀

肩平打中膛，肩高打脸旁。肩低打下裆，肩旋防身挡。

肘法诀

肘合护心窝，贴身肘横拨。上下挑压化，变化能制敌。

胯法诀

胯打起落时，开合扣胯裆。起腿胯先动，心身能合一。

膝法诀

防足近加膝，膝撞根入地。膝起移前后，膝落常近移。

足法诀

足起要放松，方向变无终。勾绊等全能，随身步稳生。

腰法诀

腰带周身旋前臂，力如小转不为齐。增进内劲意气力，天时地利六合基。

腰转诀

腰如平椎顶头悬，尾骨胸门一线穿。轻重浮沉分毫厘，摇转气血得自然。

臂法诀

臂撞左右抖，提压气贯身。巧字在变化，制人行步中。

灵动诀

手法之变在于巧，身法之变在于活，眼法之变在于灵，步法之变在于快。

五技诀

踢打摔拿推，阴阳互为根。五行多变化，目的方见真。

合体诀

踢打摔拿推传技，内传粘黏开合随。众法一体意在先，功到自如综合一。

合体技诀

一手二招变神奇，遇直变旋意运气。贴身靠打整体劲，近听远看六合技。

变化诀

静则极生动，动则听生随。随则感生虚，虚则跟生填。填则专生实，实则灵生变。变则巧生通，通则理生久。

心法诀

心静意运动，体动心静松。内外一体术，万事如弹功。

合技诀

学武巧在合，得法目专一。八技打为先，四方变生奇。

快慢诀

旋极慢练似太极，外柔内刚意生奇。柔极生刚快如电，形快体松柔有力。

配合诀

敌运用手近加肘，手肘不够用身筹。周身合体是一家，手到脚到方见奇。

体用诀

练时有心聚智慧，心静体松内外连。用时无心随身运，周身合体意专研。

防拳诀

肩平防中意要强，高低意强防脸裆。旋字破拳要偎身，无极不过方见真。

进攻劲力诀

运拳在意放远松，周身发劲如开弓。胯肩上下一气合，内外三合任敌攻。

进退诀

轻进慢退人不知，功到自如法自明。藏起自身术为高，合身透空妙理寻。

意气劲诀

劲要集中意导动，意动身随劲跟到。心身式换气相连，三宝久求细专研。

找劲诀

脚踏脚跟接触身，体感变化找重心。整体运转杀伤力，人刚起落如抛物。

发力诀

发力两膝弓旋体，腰转合身上下齐。抖弹运气松身体，挨到何处气发力。

武运诀

身为武能聚功夫，智为术能聚智慧。意气劲合内外修，功术合能聚潜能。

心境诀

身如游龙步巧活，出手是箭还显慢。一招三式意气连，劲运周身合变专。

心境（二）诀

逢敌放松需气沉，意专神聚观敌身。黏手合字要牢记，一顺就发艺生奇。

心境（三）诀

接手小转要记清，周身带动脚跟轻。另手扶腰顺式按，空灵下找法更巧。

松感诀

胯走腰随自然功，式式体会肩放松。肩胯互应腰放松，身如灵猴手脚攻。

松感（二）诀

腰松带动四肢功，手脚十指自然空。筋肉气血精神松，匀整柔成旋极功。

松感（三）诀

周身旋转气血松，筋骨自转体放松。意远身静心松功，百阂自然久聚能。

拿法诀

心体合一灵气聚，找敌劲路发人体。学大用小走一遍，无意拿法不离圆。

拿摔诀

身体是棍手脚梢，擒拿寻穴卷出招。用时摔打高低断，法巧久练变自然。

练拿要诀

一练柔力骨降魔，二练五十六劲巧。三练接拿寸出入，四练游龙架生术。五练脏腑筋骨皮，六练内外气血真。

拿打诀

旋极接手控制先，练学不用意要专。得机八技用手脚，贴身旋打变无限。

合拿诀

抓筋措骨寻点穴，柔运克刚虚中藏。一法不到二法到，三法四法合齐妙。

近打诀

黏手一变身放松，着熟劲术见神明。贴着他人顺劲走，柔化刚制变无穷。

打法诀

上用左右慌打中，中用平打靠挤胸。下打根深翻手变，挨身近打三盘攻。

巧打法诀

运转与身走遍门，以巧制快打中门。手不空出拳怕旋，意不空回腿怕进。

运转要求诀

控制自身定为法，脚空站地立八面。出手变动不露形，乘虚巧取任敌攻。

巧入技法诀

顺劲体松任人走，一脚不知到身后。敌心恐惧要离阵，抓住机会合劲攻。

遇高手感受诀

体感凶险处境难，周身难动不安全。不动无形恐惧感，身软骨懈意不专。

运化之法

静则动，动则随。随则虚，虚则填。填则实，实则变。变则通，通则久。

摔撞技法诀

脚在中圈扣脚跟，手横脚扣剪其身。立身中正要平衡，身撞体松如弹簧。

上下合技法诀

抬手扶时身先走，诱敌入内背击首。一式二招化打合，巧转扛杆反攻击。

双手合技法诀

手在手心反旋转，另手封肘敌难变。双手合一力专研，周身与地气意连。

打上控下技法诀

一手二肘朝肩走，脚入根部与地合。上下一体肘肩击，内含抖扣膝肘齐。

武术、医学、气功、艺术四者合体诀

习武不练气形成技不高，练气不练武内外不专一。习武不通医一生难找理，习武不通艺宣传没底气。武医气合一强身又养体，三合艺统一方可美名扬。

积极防守歌

一练筋骨气血通，敌进一方四方攻。体能聚合不浪费，判断强弱意志清。防人之心不可无，忠厚德高代代传。

打拳诀

打拳好比开门关，以腰带动找轴线。主轴中正久划圆，拳细法精需专研。

教拳诀

眼教初形看身段，手教转关内功现。心教变化平衡理，眼手心合久生奇。

旋极术体用解

旋极者，武矣，人体内外之能矣，用于精气神也。术者，理也，方法尔，智慧之象征矣。此故难易，文武藏心，心为令，情况而命，论天平，顾远近，依大小，万事平平。找阴阳，练内外，妙法含势，意念为先，阴阳恨无平。吾稳静，永腾胜，化时善送，取万仙，接转催顿终无安，如观海，脆极微妙艺高峰。

旋极术经

旋极内练精气神，化存防斗偏正求。旋合与极一，动静转换，往复为本，说在拒。守计变体能，人本发挥，以身为墙，双手为箭，万物灵气，内收外踂，松沉圆活，不让转实，力在变。以三才之本，八卦之缘，互为根，巧求旋转，妙在极处，松为本源。以命、力、勇、智、本为五行，聚天地人之精华，练功、柔、稳、灵之能量，传守养防之道理，练兼爱合一，融非攻理念，为旋极做人之法。久悟。

第三章
墨家旋极术十字功练法

墨家旋极术十字功练法分单练养体与对练养智、养心两种，体现“老少皆宜、养练结合”的方法。练墨家旋极术十字功养生的心态：“把身体看作朋友，用心体会它、感悟它、爱护它。”墨家旋极术十字功无论是单练还是对练，都应以适量为度，以培养人良好的身体转化习惯为主。墨家的“兼爱、非攻”思想在旋极术的发展中，渐渐成为墨家旋极术弟子强身健体的训练宗旨，也是武德、武技展现善文化的传承方式之一。

第一节　墨家旋极术十字功动作名称解释

一、墨家旋极术十字功动作名称简介

墨家旋极术十字功也叫“十字墨家拳”，古有“十字通，旋极成”的说法，以“旋、耕、斜、回、帮、围、割、抛、靠、折”十字动作为主，是旋极术诸套路发展的源泉。墨家旋极术十字功的分解动作是墨家守城推演术的缩影。如双箭合并源自连弩车，圆中化解源自圆轴，猿猴上树想到云梯，青蛇回身想到滑轮，勒马观阵想到绳索术，防身刺虎想到刺虎剑（非攻剑），下临上攻想到临车，螳螂回手想到镰刀，翻手抛石想到抛石机，靠身熊撞想到冲撞车，连挺打首想到连挺棍等。这些都可以使人体会人的潜能、自然界万物的灵气、墨家守城器械的威力三者关系的转化。墨家旋极术十字功将墨家守城推演术隐含在动作里，能体现墨家力学在人体的运用，能体现墨家旋极术文化因素。墨家旋极术十字功是墨家旋极术热身运动，是旋极术的基础。解读十字功，能使习练者尽快掌握墨家旋极术的入门要点。

二、墨家旋极术十字功动作名称解释、图片说明

弘扬墨家旋极术文化，必须以武术家的眼光，探究旋极术的演变过程。在墨家守城器械上，在汉画像石上，通过分析找到旋极术十字功动作的来源，有图片作为研究的依据。体会历史给我们留下来的文化精华，目的在于更好地认识旋极术与墨家的关系。古代墨家旋极术弟子把守城部分技术融到十字功之

中，用龙、牛、猴、马、蛇、虎、螳螂、鹰、熊、凤凰十种动物的特征，来传承墨家旋极术十字功。我们要多角度地研究墨家旋极术，做到古为今用，使它为人们强身健体做出贡献，为挖掘墨家文化提供新的探讨方向。

三、墨家旋极术十字功单式与分解动作解释

第一式 旋字

旋字解释

“旋”字是旋转、变化的意思，“旋劲”是左右、前后、上下、内外转换的化劲。“旋”字与“围”字相互对练生克。

分解动作解释

“旋”字由蛟龙归海与双箭合并两个动作组成。蛟龙归海是取龙能旋转多变、能伸能缩、能大能小，是象形取义的动作。双箭合并是双拳以整体劲向前、向上、向前螺旋发出，如同双箭一样的威力。根据《墨家旋极术经》“以身为墙，双手为箭”的理论，联想到古代墨家弟子守城的连弩，图 3-1 是在滕州墨子纪念馆的“连弩之车模型图”。“旋”字也叫“旋极连弩式”，可以从象形武术的角度感悟旋极术。

图 3-1 滕州墨子纪念馆“连弩之车模型图”

第二式　耕字

耕字解释

“耕”字体会向下入地的劲，由耕能想到耕地的犁。此式是模仿耕地的动作演化而形成的。“耕”字与“割”字相互对练生克。

分解动作解释

“耕”字由圆中化解与铁牛耕地两个动作组成。圆中化解动作有拐磨的感觉，体会圆切线化劲的原理；铁牛耕地是向下、向前的劲，吸收牛力量大而后劲足的特点。耕字是根据农民推犁的动作形成招式来命名，是防中有攻的动作，是象形招式。为方便大家感受耕的劲力，耕字也叫“磨盘耕地式”，我们在滕州汉画像石馆里找到了“农耕汉画像石图”（图 3–2）。

图 3–2　滕州汉画像石馆“农耕汉画像石图”

第三式　斜字

斜字解释

“斜”字练斜面省力在旋极术中的运用，体现用方法解决问题，练人的变化能力。“斜”字与“抛”字相互对练生克。

分解动作解释

“斜”字由旋转斜面和猿猴上树两个动作组成。旋转斜面是巧妙旋转，体会斜面化劲在拳术里的运用，感受守城时盾牌防守的角度；猿猴上树是象形的动作，猴生长在深山茂林中，身体灵敏、轻巧，擅长攀登。人通过猿猴上树联想到古代攻城的云梯。此式是由冷兵器年代攻城云梯的动作转化成的招式。“斜”字也可叫“斜面云梯式”，旋极是墨家武术的暗语，“斜”也是“云梯”的暗语。如图 3–3 是在滕州墨子纪念馆的“云梯模型图”，以助习练者理解。

图 3–3 滕州墨子纪念馆“云梯模型图”

第四式 回字

回字的解释

“回”字是练来回缠绕的劲力。“回”字与“靠”字相互对练生克。

分解动作解释

“回”字由勒马观阵和青蛇缠身两个动作组成。勒马观阵吸收龙马精神与人气质的融合，体现人在战场上的气魄；青蛇缠身是像蛇一样盘住对方的身体，整体的动作像省力的变形滑轮组，是绳索绕中心轴的运动来实现机械效能，达到省力或改变力的方向的作用，也叫“滑轮缠绳式”。图 3–4 是滕州汉画像石馆“滑轮画像石图”。

图 3-4　滕州汉画像石馆“滑轮画像石图”

第五式　帮字

帮字的解释

“帮”字”是侧重合劲的练法，有两种解释，“一是自己身体的组合劲；二是借助外劲或武器，增加杀伤力”。“帮”字与“折”字相互对练生克。

分解动作的解释

“帮”字是由接剑还礼和防身刺虎两个动作组成。接剑还礼是剑术礼仪的演变，墨家旋极术最初有“非攻剑”化拳的说法，接剑还礼也是“兼爱”武德的体现；防身刺虎是由刺虎剑动作演化而成。墨子是精通武艺的军事家，他曾精辟地论述了剑的特点及剑术的自卫性质，“古者圣人为猛禽狡兽暴人害民，于是教民以兵行。日带剑，为刺则入，击则断，旁击而不折，此剑之利也”，说明人们带剑，是防猛禽狡兽暴人害民，是防身之剑，是非攻之剑，也叫“接剑刺虎式”，如第一章图 1-1 滕州汉画像石馆“刺虎画像石图”。

第六式　围字

围字的解释

“围”字是左右、上下围攻的动作。

分解动作的解释

“围”字由左右连环和下临上攻两个动作组成。左右连环是左右攻防兼备的动作，能体现声东击西的妙用。下临上攻是下面靠近对方，上面方便攻击的动作。如把人体看成城墙，由此式联想到墨家的临车，临车在古代是大型攻击力的武器，可见围字的威力，也叫“临车攻城式”。图 3-5 是在滕州墨子纪念馆的“临车模型图”，以助习练者理解。

图 3-5　滕州墨子纪念馆“临车模型图”

第七式　割字

割字的解释

“割”字”是以镰刀割劲来取的名字，长镰是墨家守城的武器。

分解动作的解释

“割”字由猛虎下山和螳螂回手两个动作组成。猛虎下山是象形动作，虎是最凶猛的动物，神态威风，此式能练人气势；螳螂回手是墨家弟子以长镰的动作融合螳螂动作演化成的招式，形容螳螂手的厉害，如镰刀一样的割劲，也叫“长镰巧割式”。

第八式 □字

抛字的解释

“抛”字是用人体模仿抛石的动作形成的招式，是练人的抛劲为主。

分解动作的解释

“抛”字由挎肘盘根和翻手抛石两个动作组成。挎肘盘根是如怀中挽绳下盘的动作，也是绳索术的演变；翻手抛石是由内向外抛石的动作，由人力可以联想到守城、攻城的武器抛石机的威力。抛石机是墨家力学在守城、攻城上的运用，符合杠杆原理，也叫“杠杆抛石式”。图 3–6 是在滕州墨子纪念馆的“抛石机模型图”，以助习练者理解。

图 3–6　滕州墨子纪念馆“抛石机模型图”

第九式 靠字

靠字的解释

“靠”字是鹰熊合演的招式，是近战招法。

分解动作的解释

“靠”字由雄鹰抓扣和靠身熊撞两个动作组成。雄鹰抓扣是模仿雄鹰飞翔扣抓的动作，是象形取意而得名；靠身熊撞是增强内劲，展现霸气的动作，在墨家旋极术中“熊撞是撞车的暗语”，让习练者体会“以人的靠劲，感受熊的靠劲，联想冲撞车的威力”。“靠”字也叫“冲撞连环式”。如第一章图 1–2 滕州墨子纪念馆“撞车模型图”。

第十式　折字

折字的解释

“折”字是练折劲为主，暗藏练折劲的器械——“连挺桩”的练法。

分解动作的解释

“折”字由连挺打首和凤凰落山两个动作组成。连挺打首是连挺棍化拳演变的动作，连挺棍是当时墨家守城防御中必备的兵器之一，墨家旋极术弟子在连挺棍的基础上形成了连挺桩的练法，打连挺桩有活血壮骨、调气健脑、舒筋强肌、开发智慧等健身作用，以练擒拿折劲为主，久练能达到增强体质的目的，图 3–7 连挺桩折字动作图（左式）；凤凰落山是象形的动作，形容十字功收势的大器。据《山东省志·诸子名家系列丛书》编纂委员会编写的《墨子志》记载：“传说墨子出生时，凤凰落在此山，后来人们就把龙山改为落凤山了。”由此可见凤凰落山也是在纪念墨子，提醒墨家旋极术弟子要弘扬旋极武术文化，传承墨家“学打、练打、能打、不打”的“兼爱非攻、擒拿养生”技击理念。折字也叫“连挺打首式”。

图 3–7　连挺桩折字动作图（左式）

第二节　墨家旋极术十字功单练练法

一、墨家旋极术十字功单练简介

墨家旋极术十字功单练是以“前后行、左右移、中旋定”为五行方位的自然平行步为主；以“旋、耕、斜、回、帮、围、割、抛、靠、折”十字招式为基础，是知己的功夫，是爱己的练法；墨家旋极术十字功单练不以招式的快慢为目的，主要练人的思想、智慧和强身的理念。十字功单练分四种风格，如“(1) 功练行步如虎，练气势，年轻人主要以练功体为主，以声助势、拳神合一。以声助威、壮胆破敌。以声助气、内外兼修。以声助劲、强身健体。以声音加强拳势的韵味，激发人体潜能，体会气催身动周身行的感觉；(2) 柔练迈步如猫，练筋骨轻灵；(3) 稳练动如鸡行，能练心态；(4) 灵练动步如猴，能练变化”。

二、墨家旋极术十字功单练动作名称

起势（抱拳礼）

第一式　旋字

1. 蛟龙归海
2. 双箭合并

第二式　耕字

1. 圆中化解
2. 铁牛耕地

第三式　斜字

1. 旋转斜面
2. 猿猴上树

第四式　回字

1. 勒马观阵
2. 青蛇缠身

第五式　帮字

1. 接剑还礼
2. 防身刺虎

第六式　围字

1. 左右连环
2. 下临上攻

第七式　割字

1. 猛虎下山
2. 螳螂回手

第八式　抛字

1. 挎肘盘根
2. 翻手抛石

第九式　靠字
1. 雄鹰抓扣
2. 靠身熊撞

第十式　折字
1. 连挺打首
2. 凤凰落山

收势（抱拳礼）

三、墨家旋极术十字功单练图片说明

此套墨家旋极术十字功单练是习练者面向南为据写的拳谱，望学者在观看图像和说明时，尽量弄清楚演练者所演练的基本套路的方向、位置以及角度，以免造成错觉，影响墨家旋极术十字功单练套路之顺序。

四、十字功汉画像石图拳谱解析

汉画像石是我国古代文化遗产中的瑰宝，以挥古的笔锋和简洁的刀法，在坚硬的石块上创造了栩栩如生的形象，形成了具有永久魅力的艺术珍品。汉画像石生动形象地记录了汉代生活的许多侧面，它内容丰富，是了解当时政治、经济、思想和艺术的宝贵资料。笔者在游滕州汉画像石馆时，突然感悟到旋极术是墨家弟子由非攻剑（墨家剑）化拳而形成的武术流派，是“合一守”的演变。墨家旋极术是源于生活，取于自然，归于生活，充分展示了先人们的智慧和力量。笔者联想到螳螂拳是一种模仿螳螂动作形成的武术流派；据说当年草圣张旭，就是因为观看了公孙大娘的剑器之舞，因而茅塞顿开，成就了落笔走龙蛇的绝世书法。笔者把形形色色的汉画像石动作图串联起来，以墨家旋极术的理论，悟墨家旋极术十字功与汉画像石人物图相似的特点，以武术家的眼光，探究旋极术的演变过程，将在滕州汉画像石馆的汉画像石上找到同墨家旋极术十字功动作相似的图片，作为墨家旋极术十字功单练的附图，悟出了“十字功汉画像石图拳谱”。我们要多角度地研究墨家旋极术，体会历史给我们留下来的文化精华，目的在于更好地认识旋极术与墨家的关系，做到古为今用，使它为人们强身健体做出贡献。特此说明。

五、墨家旋极术十字功单练动图解

起势（抱拳礼）

动作一：面向前，两脚并步站立，两臂屈肘于胸前，左手四指并拢直起，拇指曲拢；右手握拳，左掌心抱贴右拳面，两小指齐对，拳掌合于胸前，与胸相距 2~3 拳（20~30 厘米）；目视受礼者（图 3-8）。

图 3-8

图 3-8 附图

动作二：接上动，两脚并步不动，右拳变掌，左掌在外，双掌松沉下按于腹前十字交叉，两掌心向后，两掌指斜向下；目视前方（图 3-9）。

动作三：接上动，两脚并步站立，两臂放松，两肩下沉，两手指向下，两手心向里贴于两腿外侧；目视前方（图 3-10）。

要求

抱拳礼体现武以德扬的人品；起势体会身体五旋五线、节节放松、呼吸自然、排除杂念、静以待动。

图 3-9

图 3-9 附图

图 3-10

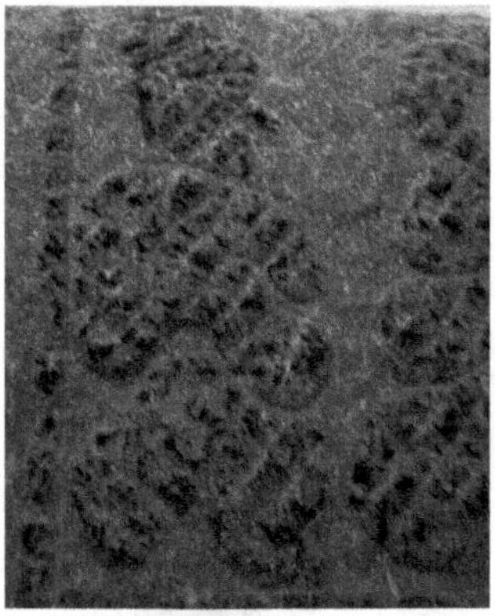

图 3-10 附图

第一式 旋字

1. 蛟龙归海

动作一：承上式，重心下降，两膝微屈；同时，两掌内旋下按，两掌心斜向前下；目视前方（图 3-11）。

动作二：接上动，两脚不动，以腰带动身体右转 45°，双膝朝向同侧脚尖方向；同时，两掌外旋随身右转向外、向上托挑掌，两掌心相对，两掌指朝上，两掌与右膝成等边三角形；目视两掌前方（图 3-12）。

图 3–11

图 3–11 附图

图 3–12

图 3–12 附图

动作三：接上动，两脚不动，以腰带动身体左转，双膝朝向脚尖方向；同时，两掌内旋随身体平抹掌于体前，两掌心向下，掌指朝向胸前，两掌平行，与肩同宽同高；目视前方（图 3–13）。

动作四：接上动，两脚不动，以腰带动身体左转 45°，双膝朝向脚尖方向不变；同时，两掌外旋随身左转拨成立掌，两掌心相对，两掌指朝上，两掌与左膝成等边三角形；目视两掌前方（图 3–14）。

图 3–13

图 3–13 附图

图 3–14

图 3–14 附图

动作五：接上动，两脚不动，以腰带动身体右转 45°，双膝朝向脚尖方向；同时，两掌内旋弧形下按于体侧，两掌心向下，两掌指斜向前下方；目视前方（图 3–15）。

要求

动作旋转变化要灵，身法要协调一致，一气呵成，不能间断，是练圆轴运动的技术。

图 3–15

图 3–15 附图

2. 双箭合并

动作：接上动，两脚不动，重心上升，双膝朝向同侧脚尖方向；同时，两掌外旋变拳向前、向下、向上、向前弧形前撑割拳，两拳心相对，拳眼朝上，两拳与肩同宽、同高；目视前方（图 3–16）。

图 3–16

图 3–16 附图

要求

动作劲力要整，肩催肘，肘催手，伸筋拔骨，周身一家。

旋字功效

旋字的旋转能祛心火，消除神经的兴奋；此式能增长腰胯的内劲，练人的气势。

第二式　耕字

1. 圆中化解

动作一：承上式，重心后移，左脚自然平行步向后退一步；同时，双拳变掌向左、向后、向右，左掌在上，掌心斜向右，掌指朝前，右掌在下，掌心斜向左，掌指斜朝上，两掌上下交叉；目视前方（图 3–17）。

图 3–17

图 3–17 附图 1

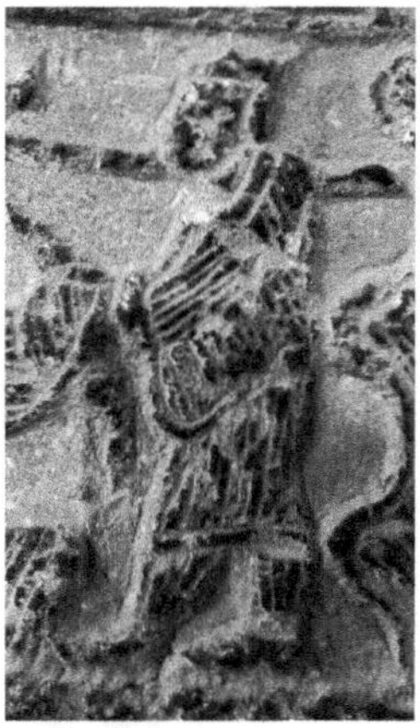

图 3–17 附图 2

动作二：接上动，重心后移，右脚回收成自然平行步；同时，双掌滚化、左掌内旋、右掌内旋、双掌变空心拳收于体前，两拳心斜相下，两拳眼斜相对；目视拳前方（图 3–18）。

要求

动作形曲意直，圆中化劲，双手合一，起快落稳。

图 3–18

图 3–18 附图

2. 铁牛耕地

动作：接上动，重心前移，右脚向前上一步，左脚跟一步成自然平行步；同时，身体推动，两空拳外旋向前、向下耕推，拳眼斜向上，拳心斜相对；目视前下方（图 3–19）。

图 3–19

图 3–19 附图

要求

进步出拳要协调一致，臀尾前催，一气呵成，力纯劲整。

耕字功效

磨腰能练脊柱运动，增强腰部肌肉力量；能对常见的腰部疾病，如腰肌劳损、习惯性腰扭伤等病症有防御作用。

第三式 斜字

1. 旋转斜面

动作：承上式，两脚不动，身体微上升；同时，两拳内旋松肩撑肘成斜面，两拳心斜向下，两拳眼斜相对；目视两拳前方（图 3-20）。

图 3-20

图 3-20 附图

要求

动作要立身中正，两臂斜立。

2. 猿猴上树

动作一：接上动，重心后移，左脚后退一步，右脚再后退一步成自然平行步；同时，左拳内旋向前下挫；右拳变掌外旋推挣掌于左肘上侧，掌心斜向左，掌指斜向上；目视前方（图 3-21）。

图 3-21

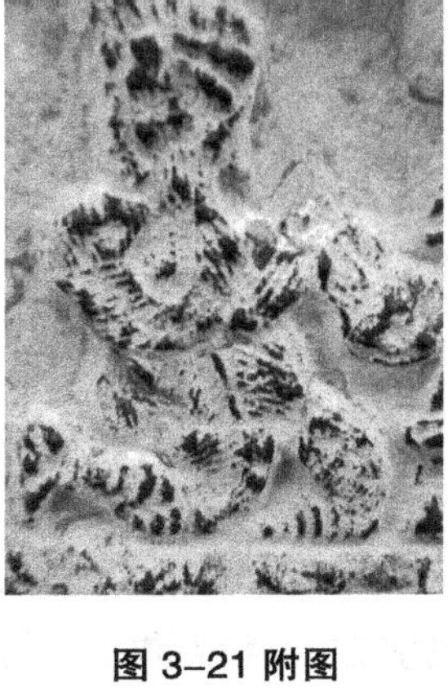

图 3-21 附图

动作二：接上动，重心前移，右脚向前上一步，左脚向前跟一步成自然平行步；同时，右掌向前、向右、向下、向前斜按掌，掌心斜向下，掌指朝上；左拳变掌以肩带肘，肘带手，后屈肘前推掌于体前，掌心向前，掌指朝右；目视左掌前方（图 3–22）。

图 3–22

图 3–22 附图

要求

进步换掌要协调一致，动作连贯有节奏，虚实分明，灵巧活泼。

斜字功效

两臂上下运动可改善胸腔容积，增强血氧交换能力，起到按摩心肺、灵活肢体的作用。

第四式　回字

1. 勒马观阵

动作一：承上式，两脚不动，身体右转；同时，左掌微内旋外撑；右掌微外旋向右、向下划弧；目视左掌前方（图 3–23）。

动作二：接上动，两脚不动，身体左转；同时，左掌变拳，拳心斜向下，拳眼朝向右后方；右掌外旋反掌从左拳下向左侧前方插掌，掌心斜向上，掌指朝向左侧前方；目视前方（图 3–24）。

图 3–23

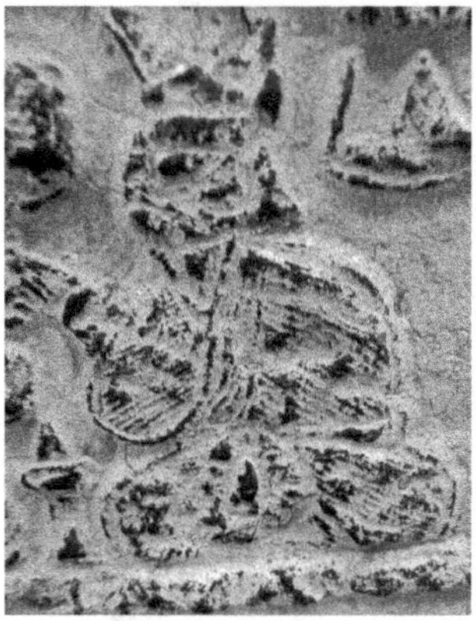

图 3–23 附图

图 3–24

图 3–24 附图

动作三：接上动，重心后移，左脚后撤一步；同时，左拳变掌，双手斜抱，左掌向左前搓掌，掌心斜向下，掌指朝向右前方；右掌向后回带掌，掌心向上，掌指朝向左前方；目视左掌前方（图 3–25）。

要求

双臂旋转如卷绳，提腕、搓掌、带掌要协调一致，有骑马观阵的气势。

图 3-25

图 3-25 附图

2. 青蛇缠身

动作一：接上动，两脚不动，重心后移；同时，左掌微内旋回收变拳，拳眼向后，拳心朝下；右掌微外旋向右侧前方插掌，掌心斜向上，掌指朝向右前方；目视右掌前方（图 3-26）。

图 3-26

图 3-26 附图

动作二：接上动，重心后移，右脚后撤一步成自然平行步；同时，右掌回带抱左拳于左侧前方，手心向左后斜下方；目视右肘前方（图 3-27）。

要点

身体起落、拧转要协调一致，能练腰的旋缠劲。

图 3-27

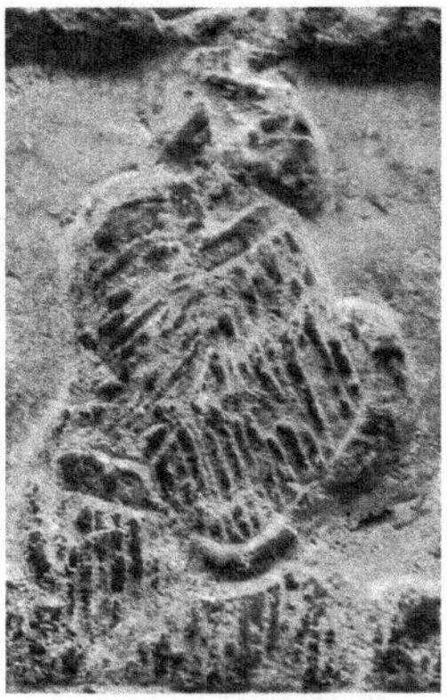

图 3-27 附图

回字功效

勒马能练人的精气神，就是练气势；缠身形如蛇动，能舒缓筋骨、增强脾胃的功能。

第五式 帮字

1. 接剑还礼

动作一：承上式，重心前移，右脚向前一步；同时，右掌内旋下按、接着外旋回收于左肘内侧，掌心斜向左下方，掌指朝向左侧上方；左拳变掌内旋向前插掌，掌心向下，掌指朝前；目视左掌前方（图 3-28）。

图 3-28

图 3-28 附图

动作二：接上动，重心前移，左脚向前跟一步成自然平行步；同时，左掌变拳微内旋，屈臂平肘击，拳心斜向前下方，拳眼朝向后下方；右掌变拳屈臂帮肘于左腕部，拳心斜向前下方，拳眼朝向后下方；目视前方（图 3-29）。

图 3-29

图 3-29 附图

要求

动作连贯协调，掌拳变化一致，进步要一气呵成，不间断。

2. 防身刺虎

动作：接上动，两脚不动，重心下降；左拳内旋向前下方挫拳，拳心斜向左，拳眼朝向前下方；右拳变掌帮按在左肘内侧，掌心斜向左，掌指朝左前上；目视右掌前方（图 3-30）。

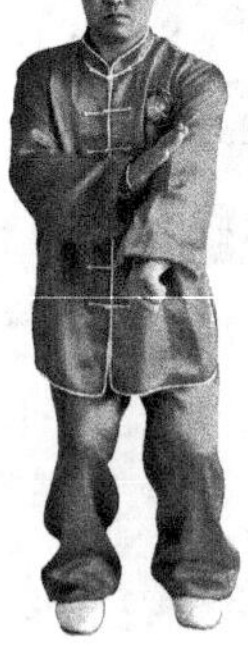

图 3-30

图 3-30 附图

要求

身体重心下降要与拳掌协调一致，双臂合中有开。

帮字功效

拳掌的变化缓解心理压力，延缓老化，敏捷灵活，可增强心肺功能。

第六式 围字

1. 左右连环

动作一：承上式，重心左移，左脚向左横开一步，右脚随向左横跟一步成自然平行步；同时，右掌外旋从左掌（左拳变掌）上翻手反击掌向前翻打，掌心斜向上，掌指斜向前；左掌收于右肘内侧，掌心斜向前下方，掌指斜向右前上方；目视前方（图 3–31）。

图 3–31

图 3–31 附图

动作二：接上动，身体右转；同时，左掌先内旋再外旋反手向前、向下、向上、向后捋掌按于体前，掌心斜向下，掌指斜向前；右手掌内旋向下弧形回收于左肘内侧；目视左掌前方（图 3–32）。

动作三：接上动，重心不变，身体右转；同时，右掌向右、向前、向左、向下按；左掌外旋从右掌上反击掌向前翻打，掌心斜向上，掌指斜向前；目视前方（图 3–33）。

要求

动作协调连贯，拧腰、旋肘劲力完整，做到左右手翻旋一致。

图 3-32

图 3-32 附图

图 3-33

图 3-33 附图

2. 下临上攻

动作一：接上动，重心微下降，身体左转；同时，左掌合掌在右肘内侧；右掌外旋变拳向下击打；目视右拳前方（图 3-34）。

动作二：接上动，重心上升；同时，左掌变拳，双拳由内向外、向上、向前、向下合贯双拳，两拳心向下，两拳眼向后；目视双拳前方（图 3-35）。

图 3-34

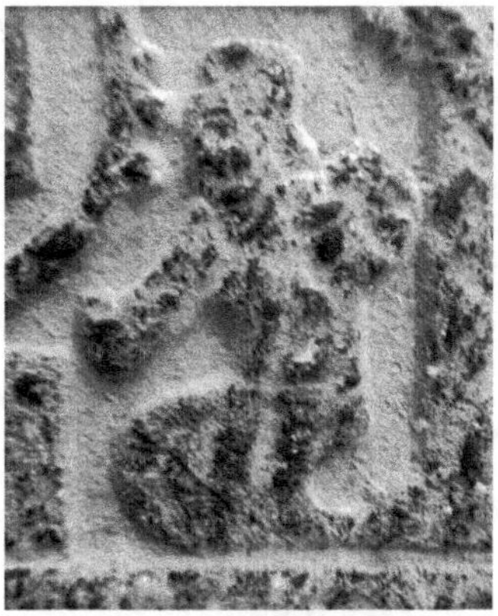

图 3-34 附图

图 3-35

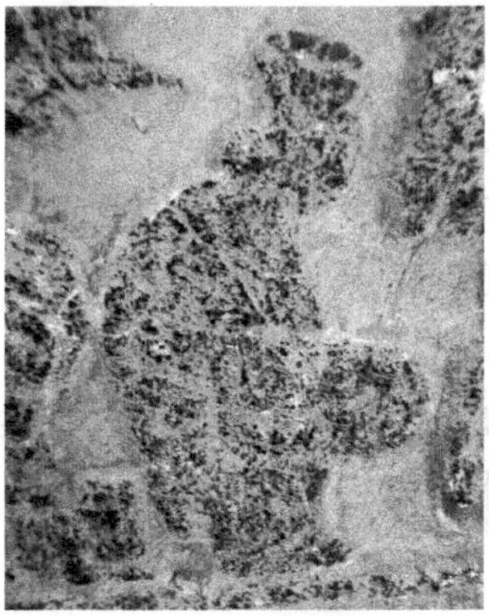

图 3-35 附图

要求

动作在升降中上下连贯，练周身十五处的协调劲。

围字功效

练习开合劲、升降劲，能练人的气力，起到强肝、壮胆功能。

第七式　割字

1. 猛虎下山

动作：承上式，重心前移，右脚向前上一步；同时，两拳变掌，右掌外旋向前、向下按掌，掌心斜向下，掌指斜向上；左掌外旋合于右肘内侧，以配合右掌按劲；目视右掌前方（图 3-36）。

图 3-36

图 3-36 附图

要求

动作上下协调一致，劲力完整。

2. 螳螂回手

动作一：接上动，重心前移，左脚向前跟一步成自然平行步；同时，右掌外旋变勾手向上、向前勾击，勾尖向后上方；左掌随右勾顺式合劲；目视右勾前方（图 3-37）。

图 3-37

图 3-37 附图

动作二：接上动，重心后移，左脚后退一步，右脚再后退一步成自然平行步，身体右转；同时，右勾手向右胸前回勾，左掌向下、向前、向上挑掌，掌心向右侧前方，掌指向前上方；目视左掌前方（图 3–38）。

图 3–38

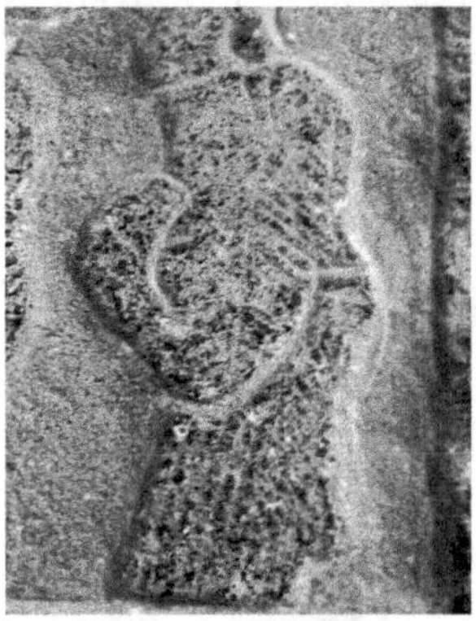

图 3–38 附图

要求

动作勾手与掌法要协调一致。

割字功效

练习掌指捏拢变勾，步法前后移动，能增强全身肌肉灵敏性的锻炼。

第八式　□字

1. 挎肘盘根

动作：承上式，重心前移，身体左转，右脚向前一步，左脚前跟一步成自然平行步；同时，右勾手变拳回收，以右肘由后、向前、向下盘肘；左掌外旋回收合于右手腕外侧；目视右肘前方（图 3–39）。

图 3–39

图 3–39 附图

要求

动作拧腰顺肘、上下相合，要连贯协调。

2. 翻手抛石

动作：接上动，重心后移，左脚后退一步，右脚再后退一步成自然平行步；同时，右拳变掌由内、向外、向上、向前翻掌，掌心斜向上，掌指斜向前；左掌由右掌前臂外侧下按于右肘下，掌心向下，掌指向右；目视右掌前方（图 3–40）。

图 3–40

图 3–40 附图

要求

动作变式要快，一手下按，一手上抛，势要连贯，劲要完整。

抛字功效

练身体的盘劲与抛劲，能增强身体腰、肩、胯功能，利于预防肩、腰等疾病。

第九式　靠字

1. 雄鹰抓扣

动作一：承上式，重心不动，身体左转；同时，右肘向后、向下弧形内收，右掌微外旋，掌心斜向上，掌指朝向前；左掌微左下按，掌心斜向下，掌指斜向右前方；目视右掌前方（图 3–41）。

图 3–41

图 3–41 附图

动作二：接上动，重心前移，右脚向前上一步；同时，双肘内收下扣，右掌变拳外旋，拳心斜向上，拳眼斜向右；左掌内旋变拳，拳心向下，拳眼向右后方；目视右拳前方（图 3–42）。

图 3–42

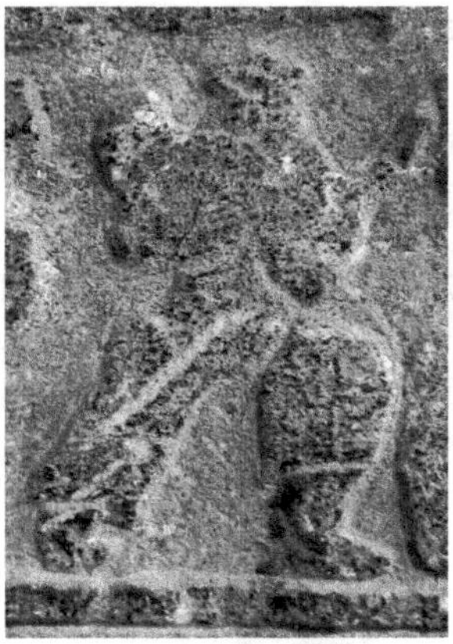

图 3–42 附图

要求

动作要拧身合力，上下连贯协调。

2. 靠身熊撞

动作：接上动，重心前移，身体右转，左脚向前跟一步成自然平行步；同时，以身体前靠，左拳靠在右拳内侧，以助靠劲；目视靠的方向（图 3–43）。

图 3-43

图 3-43 附图

要求

动作拧腰、劲钻、身撞要协调一致。

靠字功效

练身体左右晃动，意在两肋，有助于防治老年人下肢无力，胯关节损伤等症。

第十式　折字

1. 连挺打首

动作一：承上式，重心后移，左脚后撤一步；同时，右拳变掌再变拳、先内旋再外旋向下、向右、向前、向回圈打；左拳变掌再变拳、先外旋再内旋向前、向上、向左、向下抓扣；目视右拳前方（图 3-44）。

图 3-44

图 3-44 附图

动作二：接上动，重心后移，右脚后撤一步成自然平行步；同时，右拳外旋、左拳内旋向下合劲；目视前方（图 3-45）。

图 3-45

图 3-45 附图

要求

动作回打要一致，双膝微屈，身有坐劲。

2. 凤凰落山

动作：接上动，重心下降，两脚不动；同时，右拳变掌内旋向左、向下、微向右弧形下落掌，掌心向下，掌指向左；左拳向下、向左落于左胯前旁，拳心向下，拳眼向内；目视前方（图 3-46）。

图 3-46

图 3-46 附图

要求

动作下落要松，势要连贯，劲要完整，一气呵成。

折字功效

两手相合前抖、向下拉，能牵引脊柱，促进血液循环，固肾强腰。

收势（抱拳礼）

动作一：承上式，重心右移，右脚向右横上一小步，左脚横跟一小步成自然平行步；同时，双手为掌外旋，随身体右转 45°，挑成两掌心相对，两掌指朝上，两掌与右膝成等边三角形；目视两掌前方（图 3–47）。

图 3–47

图 3–47 附图

动作二：接上动，两脚不动，以腰带动身体左转，双膝朝向同侧脚尖方向；同时，两掌内旋随身体左转，平抹掌于体前，两掌心向下，两掌指朝前，两掌平行与肩同宽、同高；目视前方（图 3–48）。

动作三：接上动，两脚不动，身体上升；同时，两臂放松，两手外旋弧形下松于身体两侧，手指向下，两手心向里贴于两腿外侧；目视前方（图 3–49）。

动作四：接上动，右脚合于左脚内侧并步站立，两臂放松，两肩下沉，手指向下，两手心向里贴于两腿外侧；目视前方（图 3–50）。

图 3-48

图 3-48 附图

图 3-49

图 3-49 附图

图 3-50

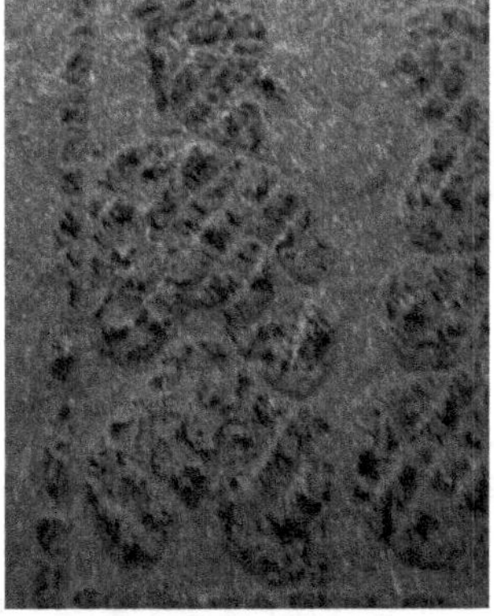

图 3-50 附图

动作五：面向前两脚并步站立，两臂屈肘于胸前，左手四指并拢直起，拇指屈拢；右手握拳，左掌心抱贴右拳面，两小指齐对，拳掌合于胸前，与胸相距2~3拳（20~30厘米）；目视受礼者（图3-51）。

动作六：接上动，两脚并步不动，右拳变掌，左掌在外，双掌松沉下按在腹前十字交叉，两掌心向后，两掌指斜向下；目视前方（图3-52）。

图3-51

图3-51 附图

图3-52

图3-52 附图

动作七：接上动，两脚并步站立，两臂放松，两肩下沉，手指向下，两手心向里贴于两腿外侧；目视前方（图3-53）。

图 3-53

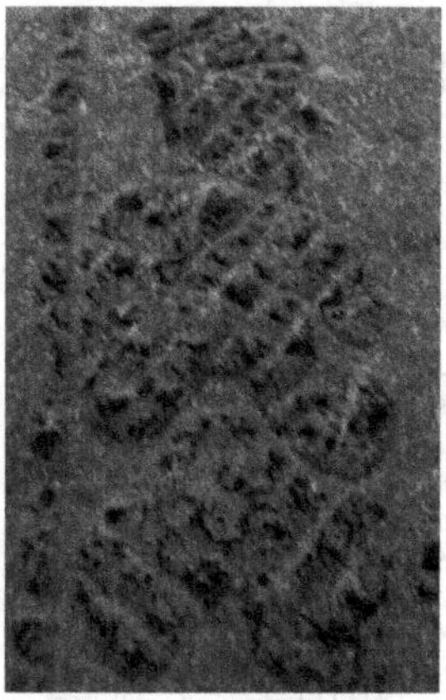

图 3-53 附图

收势要求

抱拳礼体现武以德扬的人品；收势体会五旋五线、节节放松、呼吸自然、排除杂念、静以待动。

第三节 墨家旋极术十字功对练练法

一、墨家旋极术十字功对练简介

墨家旋极术十字功对练是练“旋、耕、斜、回、帮、围、割、抛、靠、折”十字的生克变化，也是以“功、柔、稳、灵”四种风格演练。对练是知彼的功夫，体现把对方的身体看成自己的身体一样爱护，是擒拿对练伸筋拔骨养生的方法，对人体寿命延年有独特功效。墨家旋极术弟子将守城推演术与墨家部分力学原理在人体巧妙结合运用，提倡“学打、练打、能打、不打”的“兼爱非攻、擒拿养生”技击理念；在实战中以“明手、藏膝、暗腿”为运用心法，以“八法八技、八卦合一”为技击特点，是练身体与智慧结合的练法。

二、墨家旋极术十字功对练动作名称

起势（抱拳礼）
第一式　乙围字、甲旋字
第二式　乙割字、甲耕字
第三式　乙抛字、甲斜字
第四式　甲回字、乙靠字
第五式　甲帮字、乙折字
第六式　甲围字、乙旋字
第七式　甲割字、乙耕字
第八式　甲抛字、乙斜字
第九式　乙回字、甲靠字
第十式　乙帮字、甲折字
收势（抱拳礼）

三、墨家旋极术十字功对练图片说明

此套墨家旋极术十字功对练，是以双人相对为依据写的拳谱，动作一进一退、一左一右、一动一静，以自然平行步为主，体现“明手、藏膝、暗腿”与“对练生克”的演练特点，望学者在观看图像和说明时，尽量弄清楚演练者所演练的方向、位置以及角度，以免造成错觉，影响墨家旋极术十字功对练套路之顺序。

注：图解中着黑衣者为甲，着白衣者为乙。

四、墨家旋极术十字功对练动作图解

起势（抱拳礼）

甲乙双方相对站立，做预备势后，行抱拳礼（图 3–54）。

图 3-54

第一式 乙圈字、甲旋字

动作一：甲面向东，乙面向西，双方并步站立，两臂放松，两肩下沉，两手指朝下，两手心朝里贴于两腿外侧；目视对方（图 3-55）。

动作二：接上动，甲乙双方重心下降，双膝微屈，双掌内旋下按于两腿外侧；目视对方（图 3-56）。

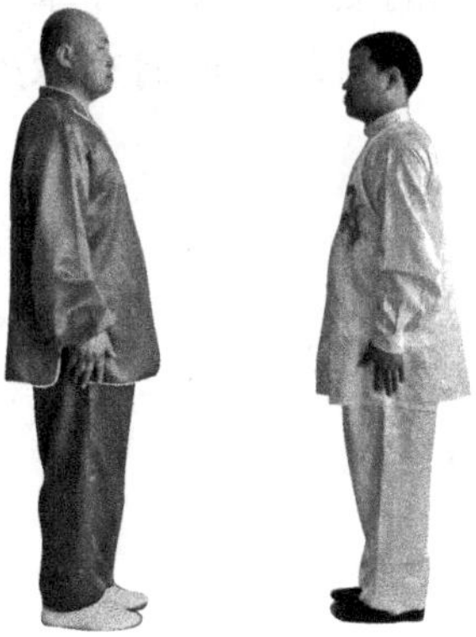

图 3-55

图 3-56

动作三：接上动，乙重心下降，身体先左转后右转，同时右掌从左掌上外旋横反击掌击打甲头部，目视甲方；甲重心下降，身体右转 45°，同时双掌向下、向右弧形右托掌、拨化乙的右横反击掌；目视乙左肩（图 3–57）。

动作四：接上动，甲重心不变，身体左转，同时两掌内旋平抹掌封乙喉部，目视乙方；乙身体继续右转，同时左掌反手扶按在甲右肘部，右手顺化甲双掌，左右掌顺式形成巧妙化劲；目视甲方（图 3–58）。

图 3–57

图 3–58

动作五：接上动，乙重心不变，身体左转，同时右掌下按，左掌从右掌上翻手横反掌击甲头部，目视甲方；甲重心不变，身体左转，同时双掌外旋横挑拨乙横反掌；目视乙方（图 3–59）。

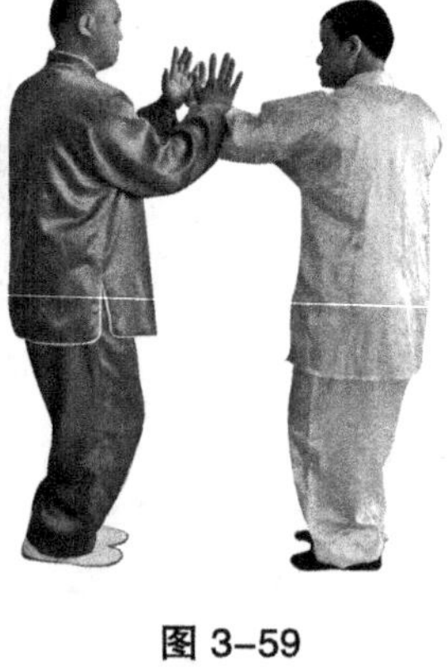

图 3–59

动作六：接上动，乙重心微下降，身体左转，同时左掌合掌在右肘内侧，右掌外旋变拳向下击打甲腹部，目视甲方；甲重心微下降，身体右转，同时双掌内旋向下、向右弧形下按，拨开乙右拳；目视乙方（图 3-60）。

动作七：接上动，甲重心上升，同时双掌变拳外旋先提劲、再向前撑劲、又向前上劄劲，三劲合一击打乙胸部，目视乙方；乙重心上升，同时左掌变拳，双拳由内向外、向上、向前、向下扣化甲双拳；目视甲方（图 3-61）。

图 3-60

图 3-61

要点

乙练攻术的变化，上下翻转、打化结合，体现“围”字的含义；甲练防守的变化，拨化托防、守中有攻，体现“旋”字的含义。

第二式　乙劄字、甲耕字

动作一：承上动，乙重心前移，右脚向前上半步，同时双拳变掌，以双手感觉甲有空隙，右掌向前、向下扑打甲胸下部，左掌顺式合于右肘部，目视甲方；甲重心后移，左脚向后退半步，同时双拳变掌向左、向后、向右，左掌在上，右掌在下，上下交叉化开乙扑推掌；目视乙方（图 3-62）。

动作二：接上动，甲重心后移，右脚收回成自然平行步，同时双掌滚化合掌翻剔乙右手背，目视乙方；乙重心前移，左脚向前上半步成自然平行步，同时右掌变勾手顺化甲擒拿法；目视甲方（图 3-63）。

图 3-62

图 3-63

动作三：接上动，甲重心前移，右脚向前上一步，左脚跟一步成自然平行步，同时甲双手拇指拿住乙右手背，向下、向前折乙右手腕，目视乙方；乙重心后移，左脚后撤一步，右脚后跟一步成自然平行步，同时右勾手顺劲，左掌从甲两掌之间向上挑，以杠杆劲解破甲的剔折腕劲；目视甲方（图3-64）。

图 3-64

要点

乙练进攻的扑推劲，防守的割挑劲，体现攻守兼备；甲练扣住手腕向下入地的耕折劲，含化劲、剔劲，防中有攻。

第三式 乙抛字、甲斜字

动作一：承上式，乙重心前移，右脚向前上一步，左脚跟一步成自然平行步，同时两肘外撑，右勾手变拳，左掌抓握甲左手背，右肘盘挎甲左手腕，形成盘挎式擒拿，目视甲方；甲重心后移，左脚后撤一步，右脚后退一步成自然平行步，同时两肘外撑，左手抓乙右手腕，感受力被动时，速松手，右掌托乙右肘微旋成杠杆斜面化劲，以破擒拿；目视乙方（图 3–65）。

动作二：接上动，乙重心后移，左脚后撤一步，右脚再后退一步成自然平行步，同时利用杠杆原理，左手扣甲右手腕，右手臂反压、拧折甲右手指，目视甲方；甲重心前移，右脚向前一步，左脚向前跟一步成自然平行步，同时双掌推乙右前臂化开乙折指擒拿，左手掌在上，右手掌在下；目视乙方（图 3–66）。

图 3–65

图 3–66

要点

乙练盘肘抛劲，是合中求发的动作；甲练斜面旋转解化劲。

第四式 甲回字、乙靠字

动作一：承上式，甲两脚不动，身体右转，同时两掌向右微挪乙右臂，目视乙方；乙两脚不动，身体左转，同时右臂外旋顺化甲挪劲；目视甲方（图 3–67）。

图 3–67

动作二：接上动，甲两脚不动，身体左转，同时右掌从乙右肘下向肘后插掌，左掌抓住乙右手腕，形成搓抱式控制乙方，目视乙方；乙两脚不动，同时右手臂顺式旋转滚化，屈肘旋转解化甲擒拿；目视甲方（图 3–68）。

动作三：接上动，甲重心后移，左脚后撤一步，同时左手抓握不动，右掌回带掌向乙胸前插掌别锁控制乙右肘部，目视乙方；乙重心前移，右脚上前一步，同时右肘冲靠旋转，靠打甲右肱骨；目视甲方（图 3–69）。

图 3–68

图 3–69

动作四：接上动，乙重心前移，左脚向前跟一步成自然平行步，同时左右拳合于胸前，以右肘靠击甲头部，以破解甲擒拿，目视甲方；甲重心后移，右脚后撤一步成自然平行步，同时两臂合抱于左胸前，右手在左拳上；目视乙方（图 3–70）。

图 3–70

要点

甲练控制中节缠绕劲，是绳索术的运用，体现“控中、打中、防中”的原理；乙练近身冲靠劲。

第五式　甲帮字、乙折字

动作一：承上式，甲重心前移，右脚向前上一步，同时右拳变掌搂开乙右手腕，左拳变掌如剑一样刺乙喉咙，要点到为止，右掌置于左肘内侧，目视乙方；乙重心后移，左脚后撤一步，同时左手抓住甲左腕，右前臂截折甲左肘部，目视甲方（图 3–71）。

图 3–71

动作二：接上动，甲重心前移，左脚向前跟一步成自然平行步，同时左掌变拳，左臂屈臂旋转解化乙擒拿，右掌变拳合于左腕处，目视乙方；乙重心后移，右脚后撤一步成自然平行步，同时两臂微向下合化甲帮劲，目视甲方（图3–72）。

动作三：接上动，甲重心下降，两脚不动，同时左拳内旋向下击打乙腹部，目视乙方；乙重心下降，两脚不动，同时右拳变掌以助力，双臂合劲向下采挒甲左臂，目视甲方（图3–73）。

图3–72

图3–73

要点

甲练两臂合劲，整体向下的松沉劲，是“合一”劲的主要代表动作；乙练折劲、升降劲，体现“上下相随、虚实转化”原理。

第六式　甲圈字、乙旋字

动作一：承上式，甲重心左移，左脚向左横开一步，右脚随即向左横跟一步成自然平行步，同时左拳变掌拨开乙右手腕，右掌从左掌上外旋横反掌击打乙头部，目视乙方；乙重心右移，右脚向右横开一步，左脚随即向右横跟一步成自然平行步，同时左拳变掌，双掌向下、向右弧形右托掌、拨化甲的右横反击掌，目视甲左肩（图3–74）。

动作二：接上动，乙重心不变，身体左转，同时两掌内旋平抹掌封甲喉部，目视甲方；甲身体继续右转，同时左掌反手扶按在乙右肘部，右手顺化甲双掌，左右掌顺式形成巧妙化劲，目视乙方（图3–75）。

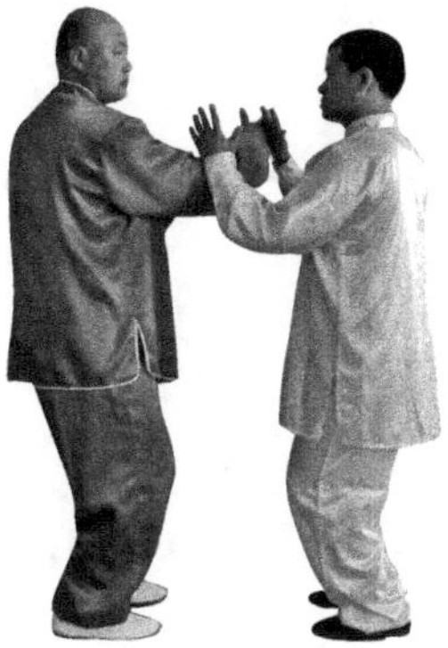

图 3-74

图 3-75

动作三：接上动，甲重心不变，身体左转，同时右掌下按，左掌从右掌上翻手横反掌击乙头部，目视乙方；乙重心不变，身体左转，同时双掌外旋横挑拨甲横反掌，目视甲方（图 3-76）。

动作四：接上动，甲重心微下降，身体左转，同时左掌合掌在右肘内侧，右掌外旋变拳向下击打乙腹部，目视乙方；乙重心微下降，身体右转，同时双掌内旋向下、向右弧形下按，拨开甲右拳，目视甲方（图 3-77）。

图 3-76

图 3-77

动作五：接上动，乙重心上升，同时双掌变拳外旋先提劲、再向前撑劲、又向前上割劲，三劲合一击打甲胸前，目视甲方；甲重心上升，同时左掌变拳，双拳由内向外、向上、向前、向下扣化乙双拳，目视乙方（图 3-78）。

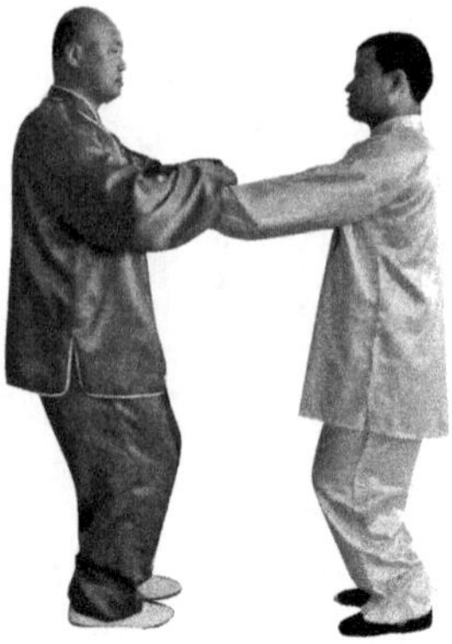

图 3-78

要点

甲练攻术的变化，上下翻转、打化结合，体现“围”字的含义；乙练防守的变化，拨化托防、守中有攻，体现“旋”字的含义。

第七式　甲割字、乙耕字

动作一：承上动，甲重心前移，右脚向前上半步，同时双拳变掌，以双手感觉乙有空隙，右掌向前、向下扑打乙胸下部，左掌顺式合于右肘部，目视乙方；乙重心后移，左脚向后退半步，同时双拳变掌向左、向后、向右，左掌在上，右掌在下，上下交叉化开甲扑推掌，目视甲方（图 3-79）。

图 3-79

动作二：接上动，乙重心后移，右脚收回成自然平行步，同时双掌滚化合掌翻剔甲右手背，目视甲方；甲重心前移，左脚向前半步成自然平行步，同时右掌变勾手顺化乙擒拿法，目视乙方（图 3–80）。

动作三：接上动，乙重心前移，右脚向前上一步，左脚再跟一步成自然平行步，同时乙双手拇指拿住甲右手背，向下、向前折甲右手腕，目视甲方；甲重心后移，左脚后撤一步，右脚后退一步成自然平行步，同时右勾手顺劲，左掌从乙两掌之间向上挑，以杠杆劲解破乙的剔折腕劲，目视乙方（图 3–81）。

图 3–80

图 3–81

要点

甲练进攻的扑推劲，防守的割挑劲，体现攻守兼备；乙练扣住手腕向下入地的耕折劲，含化劲、剔劲，防中有攻。

第八式　甲抛字、乙斜字

动作一：承上式，甲重心前移，右脚上前一步，左脚再跟一步成自然平行步，同时两肘外撑，右勾手变拳，左掌抓握乙左手背，右肘盘挎乙左手腕，形成盘挎式擒拿，目视乙方；乙重心后移，左脚后撤一步，右脚后退一步成自然平行步，同时两肘外撑，左手抓甲右手腕，感受力被动时，速松手，右掌托甲右肘微旋成杠杆斜面化劲，以破擒拿，目视甲方（图 3–82）。

动作二：接上动，甲重心后移，左脚后撤一步，右脚再后退一步成自然平行步，同时利用杠杆原理，左手扣乙右手腕，右手臂反压、拧折乙右手指，目视乙方；乙重心前移，右脚前一步，左脚跟一步成自然平行步，同时双掌推甲右前臂化开甲折指擒拿，目视甲方（图 3-83）。

图 3-82

图 3-83

要点

甲练盘肘抛劲，是合中求发的动作；乙练斜面旋转解化劲。

第九式　乙回字、甲靠字

动作一：承上式，乙两脚不动，身体右转，同时两掌向右微挪甲右臂，目视甲方；甲两脚不动，身体左转，同时右臂外旋顺化乙挪劲，目视乙方（图 3-84）。

动作二：接上动，乙两脚不动，身体左转，同时右掌从甲右肘下向肘后插掌，左掌抓住甲右手腕，形成搓抱式控制甲方，目视甲方；甲两脚不动，同时右手臂顺式旋转滚化，屈肘旋转解化乙擒拿，目视乙方（图 3-85）。

图 3-84

图 3-85

动作三：接上动，乙重心后移，左脚后撤一步，同时左手抓握不动，右掌回带向甲胸前插掌别锁控制甲右肘部，目视甲方；甲重心前移，右脚上前一步，同时右肘冲靠旋转，靠打乙右肱骨，目视乙方（图 3–86）。

动作四：接上动，甲重心前移，左脚向前一步成自然平行步，同时左右拳合于胸前，以肘击靠乙头部，以破解乙擒拿，目视乙方；乙重心后移，右脚后撤一步成自然平行步，同时两臂合抱左胸前，右手在左拳上，目视甲方（图 3–87）。

图 3–86

图 3–87

要点

乙练控制中节缠绕劲，是绳索术的运用，体现“控中、打中、防中”的原理；甲练近身冲靠劲。

第十式　乙帮式、甲折式

动作一：承上式，乙重心前移，右脚向前上一步，同时右拳变掌搂开甲右手腕，左掌如剑一样刺甲喉咙，要点到为止，右掌置于左肘内侧，目视甲方；甲重心后移，左脚后撤一步，同时左手抓住乙左腕，右前臂截折乙左肘部，目视乙方（图 3–88）。

动作二：接上动，乙重心前移，左脚向前跟一步成自然平行步，同时左掌变拳，左臂屈臂旋转解化甲擒拿，右掌变拳合于左腕处，以帮劲助力，目视甲方；甲重心后移，右脚后撤一步成自然平行步，同时两臂微向下合化乙帮劲，目视乙方（图 3–89）。

图 3-88

图 3-89

动作三：接上动，乙重心下降，两脚不动，同时右拳向下击打甲腹部，目视甲方；甲重心下降，两脚不动，同时右拳变掌以助力，双臂合劲向下采挒劲乙左臂，目视乙方（图 3-90）。

图 3-90

要点

乙练两臂合劲、整体向下的松沉劲，是“合一”劲的主要代表动作；甲练折劲、升降劲，体现“上下相随、虚实转化”原理。

收势（抱拳礼）

动作一：承上式，乙重心左移，左脚向左横开一步，右脚向左横跟一步成自然平行步，同时左拳变掌拨开甲右手腕，右掌从左掌上翻手横反掌击打甲头部，目视甲方；甲重心右移，右脚向右横开一步，左脚向右横跟一步成自然平行步，同时左拳变掌，双掌弧形由下、向右挑拨化乙反击掌，目视乙左肩（图3-91）。

动作二：接上动，甲重心不变，身体左转，同时两掌内旋平抹掌封乙喉部，目视乙方；乙身体右转，同时左掌反手扶按在甲右肘部，右手顺化乙双掌，左右掌顺式形成巧妙化劲，目视甲方（图 3-92）。

动作三：接上动，甲乙两人重心下降，双膝微屈，双掌内旋下按于两腿外侧。目视对方（图 3-93）。

图 3-91

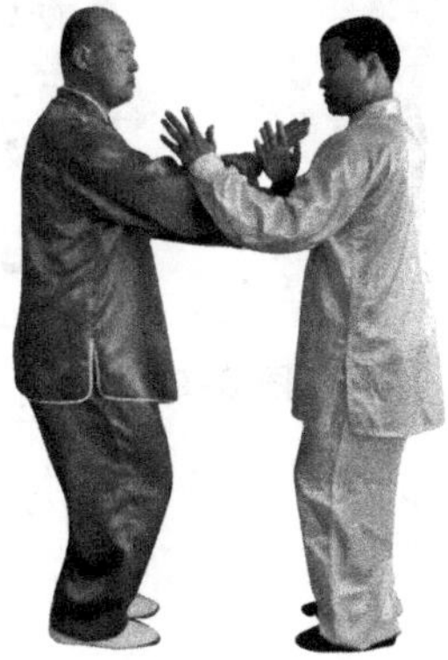

图 3-92

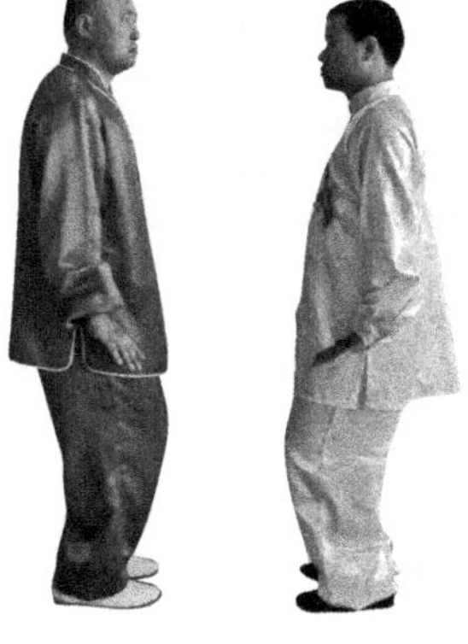

图 3-93

动作四：接上动，甲收右脚成并步站立，乙收左脚成并步站立，甲乙分别两臂放松，两肩下沉，两手指朝下，两手心朝里贴于两腿外侧；目视对方（图 3-94）。

动作五：甲乙两人互行抱拳礼（图 3-95）。

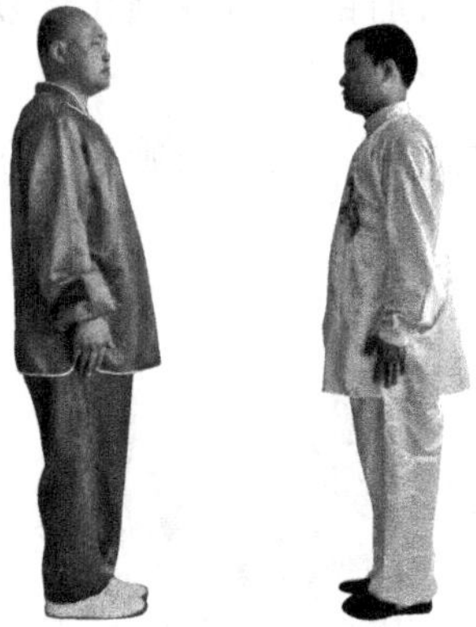

图 3-94

图 3-95

第四章 墨家旋极术十级擒拿

墨家旋极术十级擒拿划分，是以墨家旋极术十字功为接手变化的战术，运用“多角度的进攻与多角度的防守”为训练特点，能体现“城中城、招中招”的“以守为攻”变化原理，并吸收“功、柔、稳、灵”四套墨家拳术中的动作而形成的56招擒拿。墨家旋极术十级擒拿是研究人体力学的训练方式。武术家们都知道，再神奇的功夫，都是科学的力学运用展示，只是人理解的程度高低不同，对功夫而产生的感觉也不一样。墨家旋极术十级擒拿是通过推动、牵动、晃动来破坏人的重心；根据转化五旋、旋转斜面、切线变化、发放路线等，训练出墨家旋极术合一用力三要素，即复合力点、重心支点、作用线。通过合理运用“八法八技、八卦合一”等墨家旋极术战术，充分发挥十级擒拿的养生与防身功效，简单实用，变化无穷。

墨家旋极术十级擒拿，分一级旋字诀（“旋”字演化的5个擒拿动作）、二级耕字诀（“耕”字演化的5个擒拿动作）、三级斜字诀（“斜”字演化的5个擒拿动作）、四级回字诀（“回”字演化的5个擒拿动作）、五级帮字诀（“帮”字演化的5个擒拿动作）、六级围字诀（“围”字演化的6个擒拿动作）、七级割字诀（“割”字演化的6个擒拿动作）、八级抛字诀（“抛”字演化的6个擒拿动作）、九级靠字诀（“靠”字演化的6个擒拿动作）、十级折字诀（“折”字演化的7个擒拿动作）。墨家旋极术十级擒拿是将知识性、训练性和娱乐性巧妙地结合起来，以推行墨家旋极术“强身健体、自苦为极、兼爱非攻、武以德扬”为宗旨的素质教育教材。

第一节　墨家旋极术十级擒拿动作名称

第一级　旋字诀

第一式　蛟龙归海

第二式　雄鹰盘旋

第三式　上阵擒敌

第四式　人肩生翼

第五式　抱虎归山

第二级　耕字诀

第一式　双箭合并

第二式　开合式

第三式　破城式

第四式　擒贼擒王

第五式　农夫按犁

第三级　斜字诀

第一式　观阵式

第二式　玉女采药
第三式　渔公摇船
第四式　斜面上梯
第五式　上下斜行

第四级　回字诀

第一式　翻身上马
第二式　青龙回首
第三式　大雁冲霄
第四式　怀中抱梁
第五式　金鸡点头

第五级　帮字诀

第一式　左旋子
第二式　风云手
第三式　霸王翻山
第四式　勒马式
第五式　过山炮

第六级　围字诀

第一式　斜中旋臂
第二式　凤凰落山
第三式　猛虎下山
第四式　风云变化
第五式　快马加鞭
第六式　夜叉探海

第七级　割字诀

第一式　铁牛耕地
第二式　狮子摇臂
第三式　钩挂旋极腿
第四式　切踩连环腿
第五式　城中破敌
第六式　泰山压顶

第八级　抛字诀

第一式　巨石翻滚
第二式　十字锁臂
第三式　托天插地
第四式　缠丝切腕
第五式　横扫千军
第六式　螳螂回手

第九级　靠字诀

第一式　斗转星移
第二式　童子插香
第三式　潜龙入海
第四式　太子登殿
第五式　推山掌
第六式　青蛇缠身

第十级　折字诀

第一式　打中求拿
第二式　金龙盘柱
第三式　狮子张口
第四式　穿手藏刀
第五式　猿猴攀枝
第六式　以巧制快
第七式　旋中求合

第二节　墨家旋极术十级擒拿口诀

第一级　旋字诀

第一式　蛟龙归海

口诀： 正门入手合为强，偏门行招空轴转。上下移动找重心，向心离心顺式旋。

第二式　雄鹰盘旋

口诀： 扶手轻灵妙寻指，旋胯抖肩扣腕成。盘旋晃动找重心，巧破快旋守中攻。

第三式　上阵擒敌

口诀： 推起手臂省力转，一手二招扣中旋。背后巧动变在活，内旋外旋扣为先。

第四式　人肩生翼

口诀： 闪开正中拿其臂，攻进身体气势生。旋转斜面极化发，步随身动反攻成。

第五式　抱虎归山

口诀： 小圆大圆紧套圆，闪步合抱身入险。以小制大合地气，重心平衡技术巧。

第二级　耕字诀

第一式　双箭合弃

口诀： 扣推含采不乱动，上下合体擒王中。小弧大弧耕中求，旋中升来旋中降。

第二式　开合式

口诀：以掌变拳增气力，控中防肘身为墙。三角定形平面劲，别跌旋转擒住敌。

第三式　破城式

口诀：敌后紧抱如围城，擒贼擒王破手功。缩身左转找顺劲，回身肘击霸王头。

第四式　擒贼擒王

口诀：交手后抱点击强，擒贼擒王手法变。转体上下要统一，袖里藏刀耕下防。

第五式　农夫按犁

口诀：抓手按合目专一，久习多练杠杆理。农夫实在如按犁，巧旋弧中耕重心。

第三级　斜字诀

第一式　观阵式

口诀：起手观阵合在先，推动斜面三点研。整体扣肘随身转，巧擒快打落马边。

第二式　玉女采药

口诀：玉女向下巧采药，身前药后晃不停。扣指斜立推腕骨，手脚合成圆自转。

第三式　渔公摇船

口诀：渔公摇船晃脚根，松手换桨身平稳。扣住前臂手腕求，我船中正他船翻。

第四式　斜面上梯

口诀：双手合住上云梯，斜面化劲斜面法。上下配合身如猴，动如闪电飞上墙。

第五式　上下斜行

口诀：上下用招斜行走，铲腿截臂抱颈手。手脚齐到敌慌心，转身松沉向地求。

第四级　回字诀

第一式　翻身上马

口诀：进步封手防攻线，稳中求胜巧抱腿。旋回用招翻敌身，破敌上步快马鞭。

第二式　青龙回首

口诀：顺势巧化贵在合，近身一步挎肘撅。回扣转体抱中捌，用招机会不离中。

第三式　大雁冲霄

口诀：旋飞斜行雁冲天，双手扣住翘腕抗。云中追月顺势打，控住中节敌难挡。

第四式　怀中抱梁

口诀：一动就化抱梁肘，抱住回身旋折扣。整体合住劲要活，踢打摔拿运其中。

第五式　金鸡点头

口诀：双手合腕扣指旋，眼观六路防后手。周身一起向下钻，金鸡点头回中带。

第五级 帮字诀

第一式 左旋子

口诀：两手被抓旋转化，偏门进身找根晃。合一翘盘扣敌身，随动推帮钻重心。

第二式 风云手

口诀：闪开正门偏撩中，扣臂后推拿后影。双手合劲向下降，拿中含摔招式强。

第三式 霸王翻山

口诀：托手换手朝肩走，推臂点旋如翻山。进身一步一向远，周身松沉敌难变。

第四式 勒马式

口诀：肘托肘困人难走，翻手勒马上合手。两手旋扣拉住绳，抖动身体整体攻。

第五式 过山炮

口诀：旋转破推上步跟，上下齐攻敌斜身。意在身后气下沉，过身按打如炮轰。

第六级 围字诀

第一式 斜中旋臂

口诀：正来斜走偏进行，绕攻围住意在前。靠身旋中生在变，大招小招招中招。

第二式 凤凰落山

口诀：起手好似凤开屏，开中有合意要攻。松沉下落找根基，反拿关节腕肘求。

第三式 猛虎下山

口诀：猛虎出洞悄悄行，似慢非慢下山功。下截上撞虎扑食，周身合体气势攻。

第四式 风云变化

口诀：上防下攻暗进腿，风云之式变为通。一按一反掌击面，上下转换不留情。

第五式 快马加鞭

口诀：斜面滚动化推劲，膝提下扣翻上马。十字牵绳观阵架，快马一鞭赶上敌。

第六式 夜叉探海

口诀：擒贼擒王扣拇指，夜叉探海入地耕。起膝顶打撞下巴，穿心脚进破围墙。

第七级 割字诀

第一式 铁牛耕地

口诀：破腿旋转巧进身，狮子张开腿蹬山。转腰扣脚夹脖式，铁牛耕地脚下行。

第二式 狮子摇臂

口诀：狮子合臂先入路，摇臂控制闪门户。后脚上下大合身，防攻进拿全在步。

第三式 钩挂旋极腿

口诀：钩腿提膝立战场，五湖四海把名扬。随曲就进切下挡，万马营中随敢强。

第四式　切踩连环腿

口诀：抱缠横扫不好防，一招二转切踩步。明缠藏膝破敌身，倒打连环活化巧。

第五式　城中破敌

口诀：双臂如城城中破，扣腕切肘霸王难。顺式膝撞出神奇，招中有招进身防。

第六式　泰山压顶

口诀：抓手控手眼看肩，泰山压肘招式连。移动重心要逃跑，斩切大腿稳在先。

第八级　抛字诀

第一式　巨石翻滚

口诀：刁截接手意志专，合劲压臂巨石翻。周身气血向下沉，推动重心滚连环。

第二式　十字锁臂

口诀：破敌连环外接拳，上下十字锁臂缠。两手合住抛用劲，积极防守控制先。

第三式　托天插地

口诀：双手合臂托天挂，进身随式向下插。上下转换分乾坤，合中求拿松沉发。

第四式　缠丝切腕

口诀：滚动化推顺式抓，翻手缠腕手肘对。按指旋腕探中心，切腕盘根暗脚攻。

第五式　横扫千军

口诀：横破直来胯肘招，搂腿横拨进身找。千军之力在变化，巧中用绳困中扫。

第六式　螳螂回手

口诀：螳螂回手缠腕肘，化打结合步巧灵。擒贼擒王拿梢节，索绳抱在合中求。

第九级　靠字诀

第一式　斗转星移

口诀：擒臂换手斗转移，招变身转随步填。进身靠住意专连，内收外走藏膝变。

第二式　童子插香

口诀：童子弧步拱手拜，折肘动作意撩胸。采抱合字巧擒指，松沉下按如插香。

第三式　潜龙入海

口诀：潜龙入海下撩击，回手截肘情不留。粘住中把翻上颈，双手合拿制敌成。

第四式　太子登殿

口诀：防拳换手翻花上，提膝上步如钟撞。太子登殿心态稳，远手近肘膝藏强。

第五式　推山掌

口诀：防腿进步敌慌心，上推下点攻其身。暗藏膝法与肘法，提膝撞裆托腮掌。

第六式 青蛇缠身

口诀：上刁下截人难防，双手变扣旋中藏。青蛇缠身合下降，内含小扣跌法强。

第十级 折字诀

第一式 打中求拿

口诀：防中有攻打化生，拧压探帮双手合。内含脚踩折无情，拿打结合八法通。

第二式 金龙盘柱

口诀：金龙盘柱按别抗，招中含折招中强。龙翻搬动千斤柱，旋中出招斜面行。

第三式 狮子张口

口诀：狮子张口扣在先，挣盘带动身随行。抉动换把人不知，找根合整上下通。

第四式 穿手藏刀

口诀：穿手藏刀招式巧，缠采动作小中藏。推斩破掉敌重心，任我挫拿按进守。

第五式 猿猴攀枝

口诀：猿猴攀枝顺枝上，挑顶盘枝稳中藏。钻挪变化灵生巧，上下一体推拿强。

第六式 以巧制快

口诀：以巧制快插中抱，掐喉动作少用好。转换切脖破敌胆，挟拿下扣圆中变。

第七式　旋中求合

口诀：小中出圆合中旋，旋中求合两手间。斜面化劲周身通，剔合腾捌拿其中。

第三节　墨家旋极术十级擒拿图片说明

由于摄像者变换了位置，望学者在观看图像和说明时，尽量弄清楚演练者所演练的基本动作的方向、位置以及角度，以免造成错觉，影响墨家旋极术十级擒拿之顺序。

劲力分析图解是根据虚实线来表示的，以控制对方劲路为主。左手、左脚、斜面三角形、离心力作用线为虚线；右手、右脚、双手交叉相合、划圆、向心力作用线为实线。特此说明。

第四节　墨家旋极术十级擒拿动作图解

第一级　旋字诀

旋字诀的理念

是运用旋转的原理，分别练习牵动旋、扣动旋、推动旋、滚动旋、翻动旋等人体运转技术。

具体要求

对练双方互行抱拳礼后，正确完成十字功“旋”字（图 3-11—图 3-16）的动作。配合完成“旋”字招式变化的五个动作，就是墨家旋极术一级擒拿的表演水平。能掌握每招的力学分析，熟练每个动作的战术变化，巧妙地活学活用，就是墨家旋极术一级擒拿的运用水平。

第一式　蛟龙归海

动作一：乙上左步以左勾拳正方向击打甲面部时，甲调整身体上左步，右手由内向外划弧刁拿乙左腕内侧，同时左掌上挑掌，以左肘内侧扣住乙左肘外侧（图 4–1）。

动作二：甲顺乙收肘时，左脚向乙左侧上一步，右脚跟步成并步；同时以腰带动双臂用盘、旋劲控制乙左臂，左手插劲抓住乙左肩（图 4–2）。

动作三：甲右脚后撤一步；同时以腰带动身体双臂向右脚外侧旋带乙，将乙擒拿（图 4–3）。

图 4–1

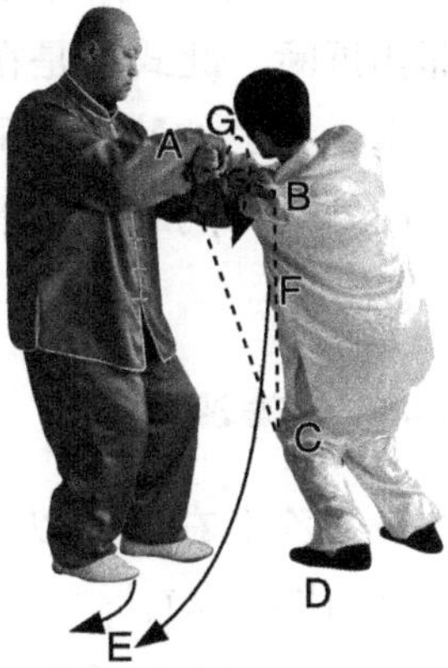

图 4–2

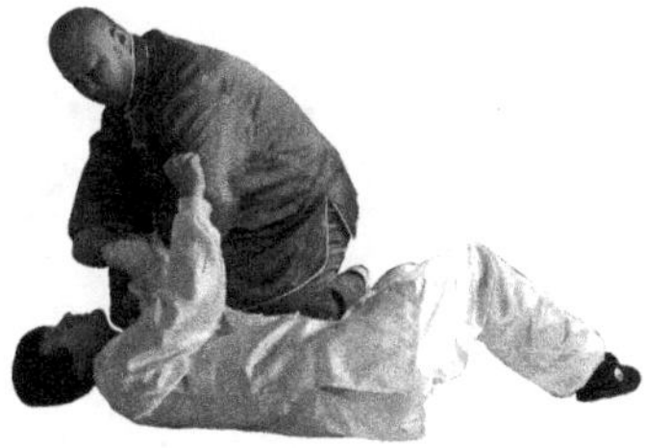

图 4–3

口诀

正门入手合为强，偏门行招空轴转。上下移动找重心，向心离心顺式旋。

要点

甲身体中正，双臂合旋要整，以乙左手腕与肩部的连线为空轴，是以“牵动旋”破坏乙重心为主的招式。

劲力分析

当图 4–2 时，AB（A 代表乙左手、B 代表乙左肩）连线为空轴，通过向上旋转 AB 中点至乙左肘尖（G）为半径形成的圆，来牵动乙重心移动（AB 空轴形成的圆，G 点的箭头）；ABC（C 代表乙左膝）为三个不相邻关节形成的斜面（ABC 三角形），通过受力形成多个斜面的旋转，能控制乙整体关节的运动为复合力点（F），以乙左脚为重心支点（D），将乙身体的复合力点向自己右脚外、向内发放的路线为向心力作用线（E）。

战术变化

如图 4–1 瞬间，战术一折技：乙左臂硬挺劲时；甲上下搓扣，发折抖劲，将乙肘部扣折断，此式不是在危机生死关头不能用。战术二打摔技：乙收肘时；甲顺势左掌击打乙的肋部，同时右手下采乙右手于右腰部。随后左前臂扣住乙左臂肱骨内外侧；同时身体下降，右脚后撤，身体右转，双臂内合牵动乙重心，将乙擒拿。

第二式　雄鹰盘旋

动作一：乙上右步，以右反臂掌打甲头部时；甲自然站立，顺势双手扶接乙右反臂掌（图 4–4）。

动作二：甲顺势右手扣住乙右手四指，左手扣住乙右肘；同时右脚向乙前上半步，左脚跟步，双手内扣（图 4–5）。

图 4–4

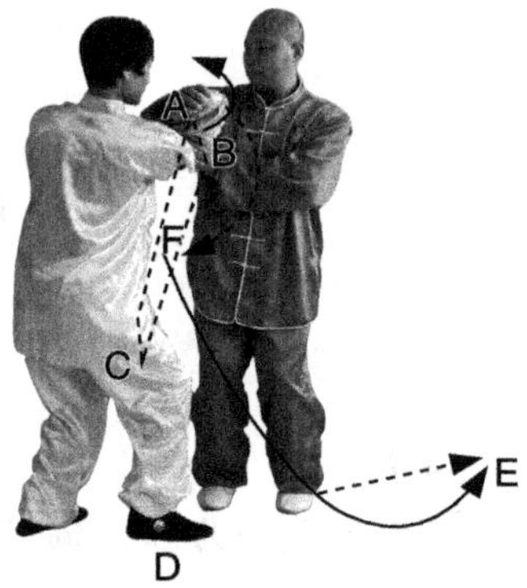

图 4–5

动作三：甲顺势撤左步；同时左转身将乙擒拿（图 4–6）。

口诀

扶手轻灵妙寻指，旋胯抖肩扣腕成。盘旋晃动找重心，巧破快旋守中攻。

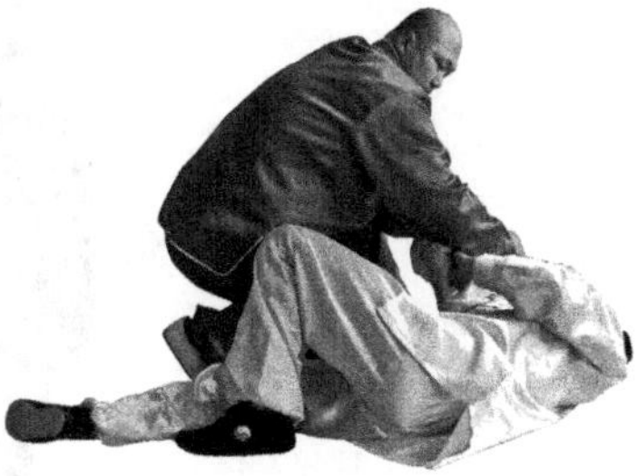

图 4–6

要点

甲身体下降扣指合臂，巧推破乙重心，快旋用招，是体现“扣动旋”的用招技术。

劲力分析

当图 4–5 时，甲以 A（A 代表乙右手四指）旋转乙右手腕为圆心的圆，再旋转以 B（B 代表乙右肘）为圆心的圆来牵动乙重心；ABC（C 代表乙右胯）是为三个不相邻关节形成的三角形斜面，通过受力形成多个斜面的旋转，能控制乙整体关节的运动为复合力点（F），以乙右脚为重心支点（D），甲将乙身体的复合力点向自己左脚外侧、向内牵动的路线为向心力作用线（E）。

战术变化

如图 4–4 瞬间，战术一腾手技：甲以斜面旋转化乙劲，左手扶乙右肘下按；同时腾出右手翻打乙面部，此为腾手法。战术二截肘摔技：甲双手合力扶按住乙的右反掌，随后甲右手扣住乙右腕，左臂截击乙右肘外部；同时右脚后撤一步，双臂合力右转，身体下降，将乙擒拿。

第三式　上阵擒敌

动作一：甲从乙右侧后方，速上左步，跟右步；同时左手从下向乙右肘后方内侧插掌控制乙右肘，右手握住乙右手（图 4–7）。

动作二：甲以乙右肩为轴成点旋，向前推乙右臂上举；同时右手反扣乙右手腕，左手扣住乙右肩部，两臂有合抱劲（图 4–8）。

动作三：甲锁住乙右臂，调整右脚；同时向右后方撤左步，身体左转下降，将乙擒拿（图 4–9）。

图 4-7

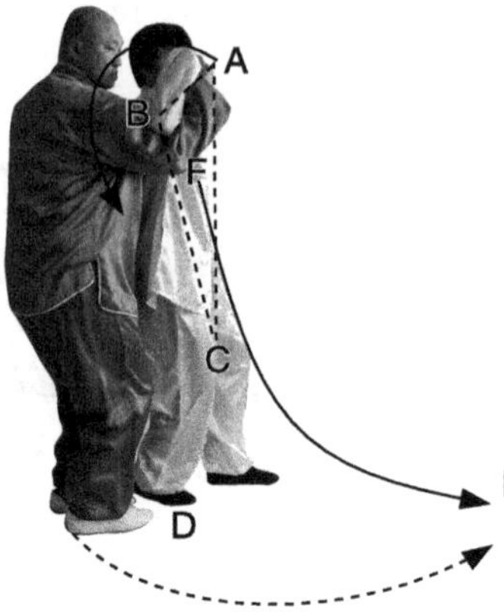

图 4-8

图 4-9

口诀

推起手臂省力转，一手二招扣中旋。背后巧动变在活，内旋外旋扣为先。

要点

甲插扣上举要控制乙右肩部，速松体合抱控制乙右臂，旋身控制乙身体重心，是练“推动旋”的技术。

劲力分析

图 4-8 时，甲向前推动乙右臂，以 B（B 代表乙右肩）为圆心，以 A（A 代表乙右手）为圆上的点，通过受力向乙身后划圆控制乙上肢（如图 AB 产生的弧形）；ABC（C 代表乙右膝）为三个不相邻关节形成的三角形斜面，通过受力形成多个斜面的旋转，能控制乙整体关节的运动为复合力点（F），以乙右脚为重心支点（D），甲将乙身体向自己左脚内侧扣动旋转的路线叫向心力作用线（E）。

战术变化

如图 4-7 瞬间，战术一后拉技：甲以乙右肩为圆心旋转，来控制乙身体，当乙感应快时，甲速改变方向，向乙左后方拉乙右手腕；同时撤左步向乙左脚后方上右步，上下协调一致，将乙摔倒擒拿。战术二进身技：乙有感觉时；甲双手控制住乙右肘内外侧，上右步。随后甲左脚向乙两脚前插步控制乙两膝；同时右转身，以身体为杠杆，将乙旋摔倒，擒拿乙方。

第四式　人肩生翼

动作一：乙右脚在前，以右下点拳击打甲腹部时；甲速左闪步跟右步，右前臂向下、向外拨开乙右下点拳（图 4-10）。

动作二：乙收右拳时；甲顺势上右步，右臂由乙右腋下向乙颈部与自己左臂合抱，将乙右臂与颈部锁抱住（图 4-11）。

动作三：甲速左旋身；同时调整身体左脚后撤步将乙旋擒拿（图 4-12）。

图 4-10

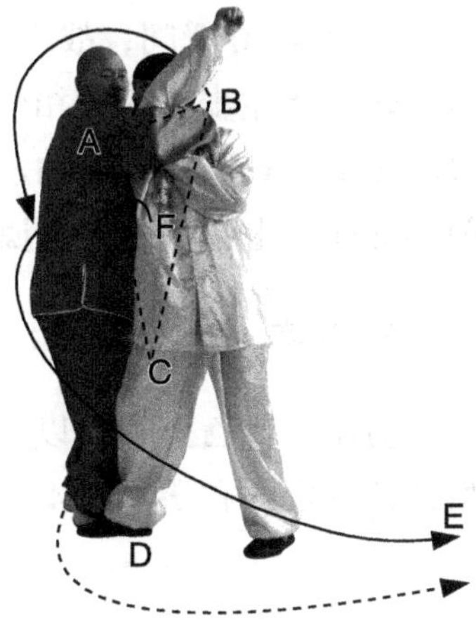

图 4-11

图 4-12

口诀

闪开正中拿其臂，攻进身体气势生。旋转斜面极化发，步随身动反攻成。

要点

甲闪步要准快，抱臂肩要紧，是靠身体“滚动旋”的运转技术。

劲力分析

图 4–11 时，甲近身晃动乙身体，以 A（A 代表乙右肩）为圆心，以 B（B 代表乙后颈部）为圆上的点，通过受力向乙身后划圆控制乙上肢（如图 AB 产生的弧形）；ABC（C 代表乙右膝）为三个不相邻关节形成的三角形斜面，通过受力形成多个斜面的旋转，能控制乙整体关节的运动为复合力点（F），以乙右脚为重心支点（D），甲将乙身体的复合力点向自己左脚外侧向内旋转的路线为向心力作用线（E）。

战术变化

如图 4–10 瞬间，战术一打中含扣技：甲左右手向乙头部击打合臂，随后身体左转，撤左步以双臂扣住乙头部将乙扣倒。战术二沉肘技：甲未扣住乙右手臂和颈部时；同时右脚向乙身体后上步来控制乙右脚后撤，速右肘尖下沉向乙前胸部横扣击，将乙摔倒擒拿。

第五式　抱虎归山

动作一：乙上右步以右下点拳击打甲腹部时；甲左闪步右跟步，以右臂下拨开乙进攻的右拳（图 4–13）。

图 4–13

动作二：乙右下点拳落空，速以右摆腿摆击甲右肋部；甲右前臂由下向上、挑托乙右脚腕外内侧，以防乙右摆腿（图 4–14）。

动作三：甲左脚向前进步，跟右步，身体靠近乙；同时右手抱乙右脚腕，左手先搂乙胯部，随后左手回抱乙右脚尖，双手微向后、向前、向上、向下弧形旋动乙右脚，将乙翻倒擒拿（图 4–15）。

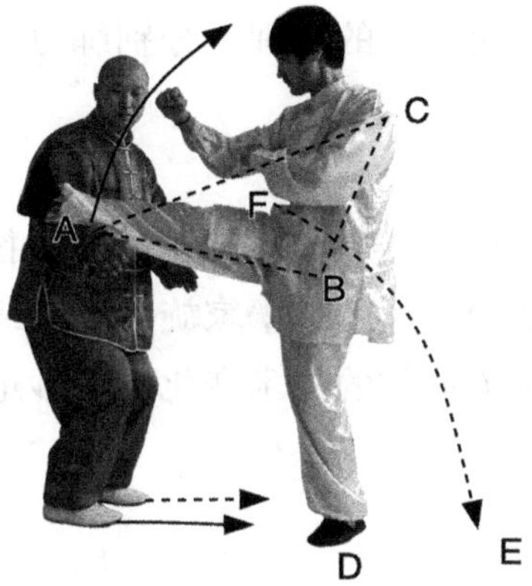

图 4–14

图 4–15

口诀

小圆大圆紧套圆，闪步合抱身入险。以小制大合地气，重心平衡技术巧。

要点

甲搂胯与抬脚要同时，上举前推、向下，要与进身一致，能增加进攻的强度和力度。做动作时，注意自身的平衡，重心的稳定，此动作是练“翻动旋”的技术运用。

劲力分析

图 4–14 时，甲近身靠近乙身体，以 B（B 代表乙右胯）为圆心，A（A 代表乙右脚腕内侧）为圆上的点，通过受力向乙身后上方划圆来破坏乙的平衡（如图 A 产生的弧形）；ABC（C 代表乙左肩）为三个不相邻关节形成的三角形斜面，通过受力形成多个斜面的旋转，能控制乙整体关节的运动为复合力点（F），以乙左脚为重心支点（D），甲将乙身体的复合力点向乙左脚后身体投影方向翻滚的路线为离心力作用线（E）。

战术变化

如图 4–14 瞬间，战术一上步旋拿技：甲以乙左脚为圆心，右臂控制乙右腿向乙左侧划圆；同时左手抓住乙右肩，调整左脚，上右脚绊乙左脚跟，身体左转将乙擒拿。战术二蹬旋技：甲双手控制乙右脚；同时调整左步，用右脚蹬乙左大腿内侧，将乙蹬倒擒拿。

第二级　耕字诀

耕字诀的理念

是从多个方向，体会“沿地耕出，圆中化招”的原理。分别练习正耕、侧耕、后耕、前耕、下耕等向下用招的技术。

具体要求

对练双方互行抱拳礼后，正确完成十字功“耕”字（图 3–17—图 3–19）的动作。配合完成“耕”字原理变化的五个动作，就是墨家旋极术二级擒拿的表演水平。能掌握每招的力学分析，熟练每个动作的战术变化，巧妙地活学活用，是墨家旋极术二级擒拿的运用水平。

第一式　双箭合并

动作一：乙并步双掌推甲胸部时；甲上左步跟右步成自然平行步，同时左、右手由内向外扣抓住乙右、左手四指，甲双手四指在外，双方手虎口相对（图 4–16）。

动作二：甲双臂内旋，两手下翻；同时左、右手分别以四指扣住乙右、左手四指，将乙双手手指根部扣住（图 4–17）。

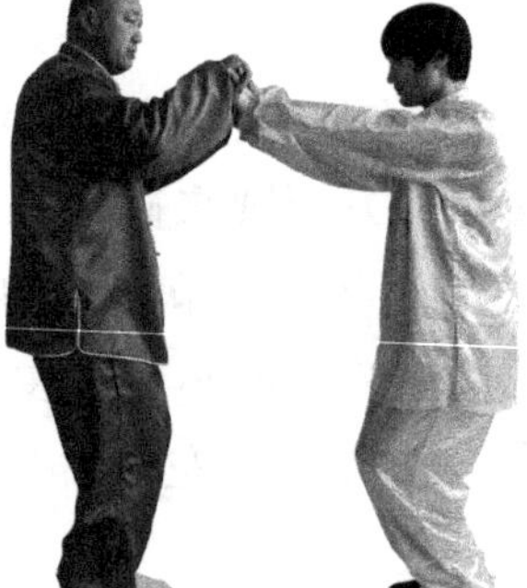

图 4–16

图 4–17

动作三：甲双臂外旋；同时双手扣住乙双手向下、向上外翻，以掌根翘住乙掌指，向回微收（图 4–18）。

动作四：甲右脚向前上一步，左脚跟一步；同时双手扣住乙双手向前、向上、向下弧形向乙两脚后跟部发放，将乙擒拿（图 4–19）。

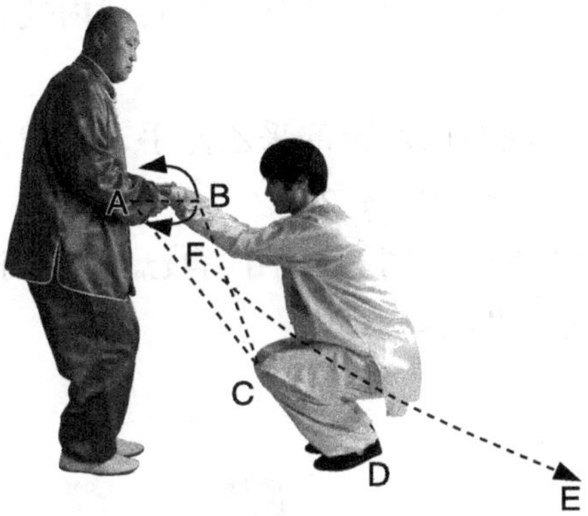

图 4–18

图 4–19

口诀

扣推含采不乱动，上下合体擒王中。小弧大弧耕中求，旋中升来旋中降。

要点

甲双臂合旋要小，以控制乙重心为主，是练“正耕”向下的劲力技术。

劲力分析

当图 4–18 时，甲双手异侧控制 A（A 代表乙左右手四指），以 B（B 代表乙左右手腕）为圆心外旋，来控制乙双臂（如图 AB 形成的弧形）；ABC（C 代表乙双膝）为三个不相邻关节形成的两个斜面，通过受力形成多个斜面的旋转，能控制乙整体关节的运动为复合力点（F），以乙双脚后跟为重心支点（D），甲将乙身体的复合力点向乙双脚后跟部正推的路线为离心力作用线（E）。

战术变化

如图 4–17 瞬间，战术一跌摔技：甲感到乙要脱手时，同时双手扣乙双手合臂，右脚后撤一步，先向左再向右后划圆，劲要传到乙的两脚跟，将乙摔倒，擒拿乙。战术二肘合技：甲双手内扣回收；同时上右步进身，以左右肘顺势击乙头部或肩部，将乙打倒，擒拿乙。

第二式　开合式

动作一：乙上左步以左直拳击打甲面部时；甲右脚紧贴乙左腿外侧上步，同时左手由外向内顺式刁住乙左拳，右手从乙腋下横插掌闭住乙右前臂（图4-20）。

动作二：甲身体下降；同时右掌内旋变拳，双臂开劲，以右臂内侧控制乙左肘部（图 4-21）。

动作三：甲身体左转下沉；同时左手向自己左腰部采乙左手，右肩截乙左肘部，右手按在乙左膝内侧，以夹角劲控制乙（图 4-22）。

动作四：甲以腰带动身体左转，重心下降；同时右手向自己裆内拨打乙左脚内侧，上下合劲，侧向发力，将乙擒拿（图 4-23）。

图 4-20

图 4-21

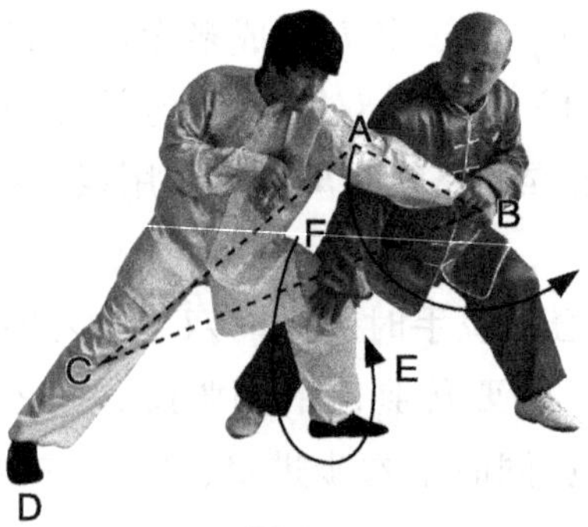

图 4-22

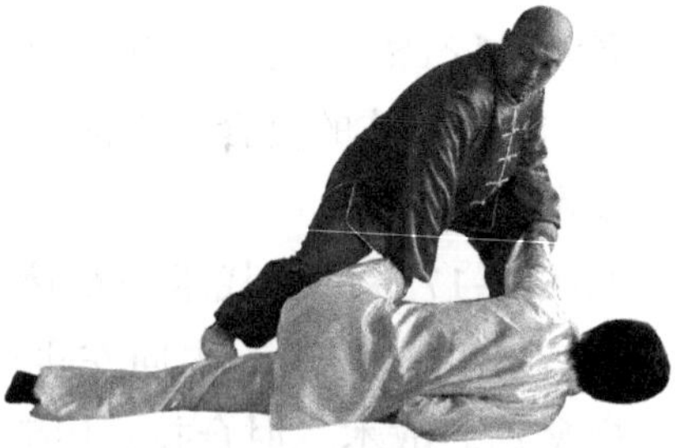

图 4-23

口诀

以掌变拳增气力，控中防肘身为墙。三角定形平面劲，别跌旋转擒住敌。

要点

甲右臂插掌要紧贴乙左腋部，下按左膝与乙左肘、左手成三角形的杠杆力，此动作是练“侧耕”向下的劲力技术。

劲力分析

当图 4–22 时，甲以 B（B 代表乙左手）为圆心，A（A 代表乙左肘）为圆上的点，旋转 A 牵动乙重心（如图 A 旋转圆）；ABC（C 代表乙右膝）是为三个不相邻关节形成的三角形斜面，通过受力形成多个斜面的旋转，能控制乙整体关节的运动为复合力点（F），以乙右脚为重心支点（D），将乙的复合力点，通过右手向甲裆内拨打，使 D 点旋转偏向甲右脚的路线为向心力路作用线（E）。

战术变化

如图 4–21 瞬间，战术一跌旋技：乙松身抽臂时，甲速右脚近身，同时以右臂向乙后横旋乙前胸，将乙旋跌倒擒拿。战术二勾踢摔技：乙左臂晃动劲很大时；甲速松双手，左手轻扶乙左手，以右手抓住乙的腹前衣服，右脚勾踢乙的左脚跟，上下合劲，将乙摔倒擒拿。

第三式　破城式

动作一：当乙由后抱甲腰部时（右手在外）；甲晃动身体，同时以右拳中节击打乙右手手面，使乙松手（图 4–24）。

图 4–24

动作二：甲速左转身体；同时以腰带动乙身体前倾旋转，寻求反击机会（图 4–25）。

动作三：甲随机速右转身体；同时以右肘向后击打乙下巴，下沉肘击打乙前胸，以破乙抱腰式（图 4–26）。

图 4–25

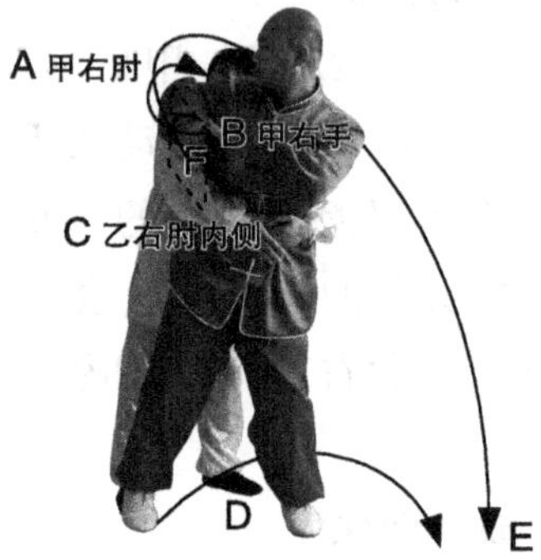

图 4–26

口诀

敌后紧抱如围城，擒贼擒王破手功。缩身左转找顺劲，回身肘击霸王头。

要点

甲击手要准，转腰要快，肘击要劲整，是练“后耕”向下的劲力技术。

劲力分析（根据战术一翻手扣摔技分析）

图 4–26 时，A（A 代表甲右肘）击打乙头部，甲向后转体以 B（B 代表甲右手）弧形扣住乙后颈部，左手推乙 C（C 代表乙右肘内侧）部；ABC 为甲、乙三个不相邻关节形成的三角形斜面，通过受力形成多个斜面的旋转，能控制乙整体关节的运动为复合力点（F），以乙左脚为重心支点（D），甲将乙身体的复合力点向自己右脚后方、向内旋转的路线为向心力作用线（E）。

战术变化

如图 4–26 瞬间，战术一翻手扣摔技：甲右肘击打乙下巴，乙后仰身化掉。甲随后以右手向后扣住乙后颈部，左手向后推乙右肘内侧，同时右脚向自己左脚后左侧撤步，身体右旋，上下合劲，将乙摔倒擒拿。战术二扣膝摔技：甲速身体松沉向下；同时双手抱住乙左脚腕，臀部坐乙左膝部，双手与臀部形成扣劲，将乙摔倒擒拿。

第四式　擒贼擒王

动作一：乙由后抱甲腰部时（右手在外）；甲晃动身体，同时右手抓住乙右手食指右扣（图 4–27）。

动作二：甲调整左脚，身体左转，随后身体右转，调整右步，左脚随步，接着左脚后侧一步，同时右手扣乙右手食指向下、向右、向上意绕乙手臂旋指，左手扣在乙右前臂内侧助力，双手合劲向前、向下将乙摔倒擒拿（图 4–28、图 4–29）。

图 4–27

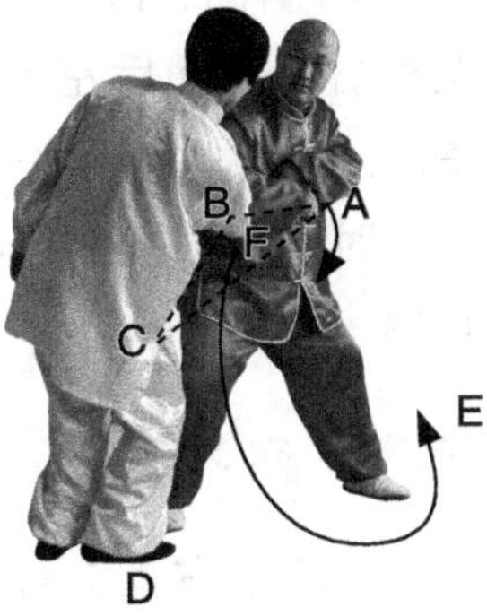

图 4–28

图 4–29

口诀

交手后抱点击强，擒贼擒王手法变。转体上下要统一，袖里藏刀耕下防。

要点

甲扣抓乙右手食指要准，手法的劲力要在身法的转动下完成，向乙重心点划圆，将乙巧妙地控制住。此式是练习由后转“前耕”向下的劲力技术(练习此式时，注意用劲的大小，不小心容易把手指掰断，特此说明)。

劲力分析

图 4-28 时，甲扣住乙 A（A 代表乙右手食指）绕 B（B 代表乙右前臂上的点）旋转来控制乙的上肢（如图 A 的弧形箭头）；ABC（C 代表乙右胯）为三个不相邻关节形成的三角形斜面，通过受力形成多个斜面的旋转，能控制乙整体关节的运动为复合力点（F），以乙右脚为重心支点（D），甲将乙身体的复合力点向自己左脚方向、内旋转的路线为向心力作用线（E）。

战术变化

如图 4-28 瞬间，战术一扣指技：甲右手速扣乙右手指向下回收；同时身体右转，调整右步。随后左手抓住乙右肩，向后撤左步，左转身体，上下合劲，将乙擒拿。战术二丢打扣头技：当甲扣指失败时；右手扶按乙右手掌。随后速上左步；同时以左手掌击打乙面部，速变左手翻手向上扣乙前额部，向乙两脚后弧形扣摔，将乙擒拿。

第五式　农夫按犁

动作一：乙上右步，右手抓住甲右手腕；甲上左步右转身体，同时左手按住乙右手背，右手由内向外、向下缠切乙右腕部，将乙控制（图 4-30）。

动作二：甲左脚向乙右脚外侧上步，右脚跟步；同时右掌下插、切、按乙右腕，将乙擒拿（图 4-31）。

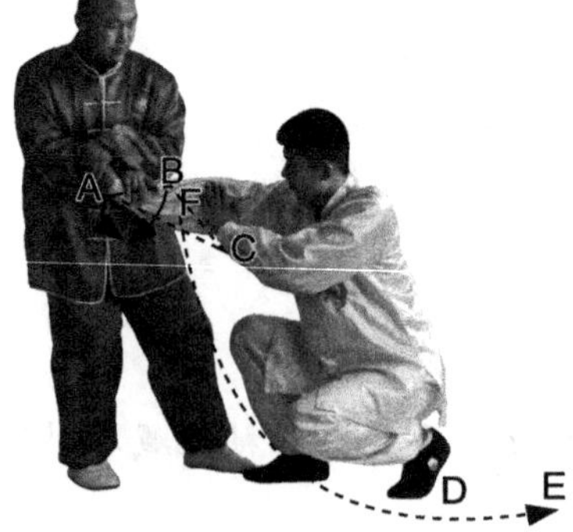

图 4-30

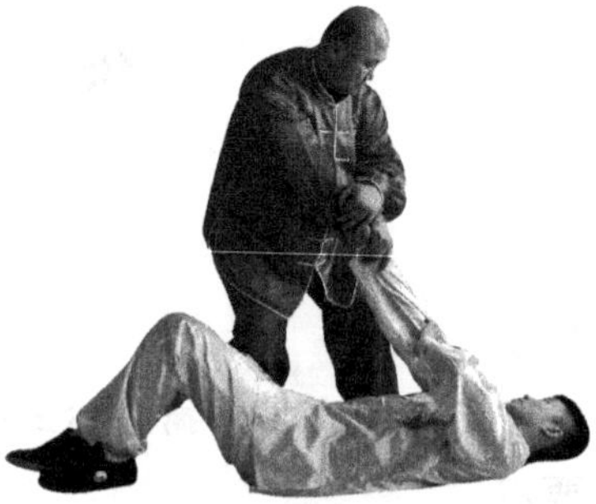

图 4-31

口诀

抓手按合目专一，久习多练杠杆理。农夫实在如按犁，巧旋弧中耕重心。

要点

甲合按指要准，翻手切腕要狠，通过手臂控制要能控制乙全身。此式是练“下耕”缠、扣、按的劲力技术。

劲力分析

图 4–30 时，甲双手扣住 A（A 代表乙右手指），以 B（B 代表乙右手腕）为轴，内收外旋（如图 AB 处的弧形箭头）；ABC（C 代表乙左手）为三个不相邻关节形成的三角形斜面，通过受力形成多个斜面的旋转，能控制乙整体关节的运动为复合力点（F），以乙左脚为重心支点（D），甲将乙身体的复合力点向乙左脚后方发放的路线为离心力作用线（E）。

战术变化

如图 4–30 瞬间，战术一丢打击：甲控制乙手腕失败时，同时以右掌击打乙头部，将乙擒拿。战术二丢踢技：甲控制乙手腕失败时，同时以右脚正踢乙胸部，将乙击倒，擒拿乙。

第三级 斜字诀

斜字诀的理念

是指建立斜面，不正面冲突，以自然化劲的理念，来牵动对方的重心。是分别练习扣斜面、推斜面、侧斜面、翻斜面、合斜面等斜面省力用招的技术。

具体要求

对练双方互行抱拳礼后，正确完成十字功“斜字”（图 3–20—图 3–22）的动作。配合完成“斜字”变化的五个动作，就是墨家旋极术三级擒拿的表演水平。能掌握每招的力学分析，熟练每个动作的战术变化，巧妙地活学活用，是墨家旋极术三级擒拿的运用水平。

第一式 观阵式

动作一：乙上右步以右横拳由外向内击打甲头部时，甲上左步，同时双手由内向外，以左手腕捧挂乙右手腕内侧，右掌控制乙右肘内侧（图 4–32）。

动作二：甲重心后移，右手向下、向后弧形勾挂乙右肘内侧；同时左手向前、下弧形按切乙右手腕，以身体合力控制乙右胯，双手扣住乙右臂向左右晃动，将乙擒拿（图 4–33）。

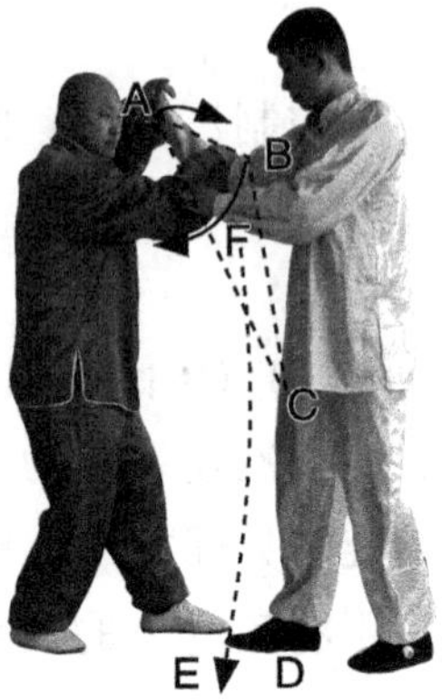

图 4–32

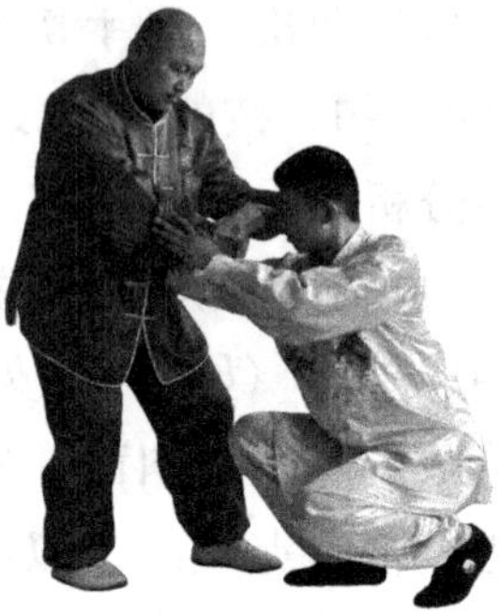

图 4–33

口诀

起手观阵合在先，推动斜面三点研。整体扣肘随身转，巧擒快打落马边。

要点

甲上步扣肘要合，运用整体劲向乙前脚跟发力，要随乙的变化找乙的重心。是练“扣斜面”旋转的动作技术。

劲力分析

当图 4–32 时，甲左右双手上下旋转以 AB（A 代表乙右手、B 代表乙右肘）为直径的圆（如图 A、B 点的箭头），来控制乙上肢；ABC（C 代表乙右胯）为三个不相邻关节形成的斜面，通过受力形成多个斜面的旋转，能控制乙整体关节的运动为复合力点（F），以乙右脚为重心支点（D），甲将乙身体的复合力点向乙右脚前用劲扣住乙的路线为离心力作用线（E）。

战术变化

如图 4–33 瞬间，战术一右膝技：甲未能控制乙重心时，速右膝横击乙胸部；同时右手扣乙头部，擒拿乙。战术二扣指跌技：甲左手巧扣乙右手指，右手扣住肘部；同时身体左转，将乙跌倒擒拿。

第二式　玉女采药

动作一：乙上右脚双掌推甲时，甲速上左脚，同时双手在乙双手外侧，四指抓扣住乙四指（图 4–34）。

动作二：甲身体下降；同时顺势两手向前、向下、向内、向自己的右脚方向划弧扣拿乙双手四指（图 4–35）。

动作三：甲感到乙后撤，甲速调整身体，上左步跟右步；同时双手扣乙双手四指微向上、向前、向下乙右脚跟方向划圆，随后向乙身后推乙，将乙擒拿（图 4–36）。

图 4–34

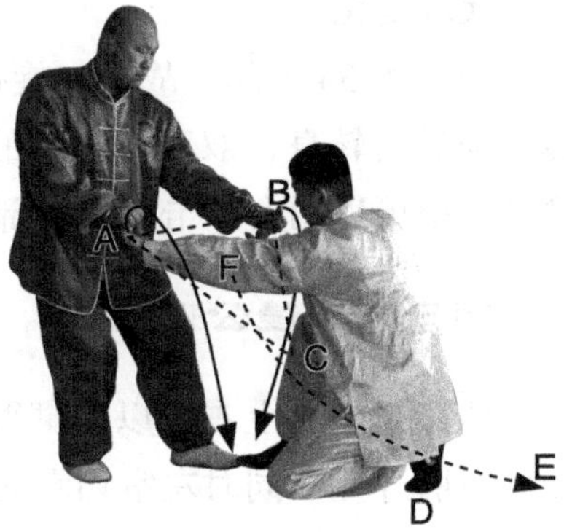

图 4–35

图 4–36

口诀

玉女向下巧采药，身前药后晃不停。扣指斜立推腕骨，手脚合成圆自转。

要点

甲扣手时应有向乙手腕的斜推劲，利用离心力与向心力巧妙结合地将乙擒拿。是练“推斜面”控制手指的技术。

劲力分析

当图 4–35 时，甲扣住乙 AB（A 代表乙左手、B 代表乙右手），以乙双手腕为圆心，使 AB 向前、向下、向乙右脚方向划弧，来控制乙双臂（如图 AB 点形成的弧形）；ABC（C 代表乙右膝）为三个不相邻关节形成的斜面，通过受力形成多个斜面的旋转，能控制乙整体关节的运动为复合力点（F），以乙左脚为重心支点（D），甲将乙身体的复合力点向乙双脚后推动的路线为离心力作用线（E）。

战术变化

如图 4–35 瞬间，战术一旋指技：甲双手握住乙双手四指；同时左右前后旋转，随后右转身，双手向自己的右脚尖扣乙双手四指，将乙擒拿。战术二膝打拿技：甲可以用右膝击打乙头部；同时配合扣指将乙擒住。

第三式　渔公摇船

动作一：乙上右脚以右翻臂拳翻打甲头部时，甲上右步，右前臂横架掌架在乙右肘外侧，同时左掌切掌切击乙右腰部，通过晃动破坏乙重心（图 4–37）。

动作二：甲顺势滑动右手扣住乙右手腕，左手扣住乙右肘部，以腰带动身体；同时双臂向下、向前、向自己左脚后跟部划弧，将乙擒拿（图 4–38）。

图 4–37

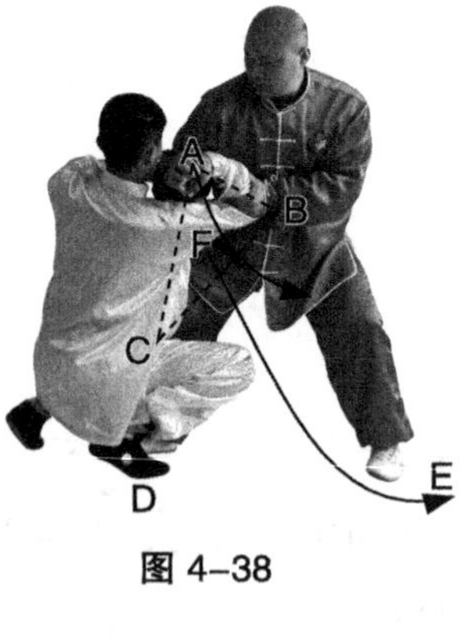

图 4–38

口诀

渔公摇船晃脚根，松手换桨身平稳。扣住前臂手腕求，我船中正他船翻。

要点

双手转换要灵活，重心转换要快。是练“侧斜面”向后的擒拿技术。

劲力分析

当图 4–38 时，甲以 B（B 代表乙右肘）为圆心，A（A 代表乙右手）为圆上的点，旋转 A 牵动乙重心（如图 A 点旋转圆弧形）；ABC（C 代表乙右胯）是三个不相邻关节形成的三角形斜面，通过受力形成多个斜面的旋转，能控制乙整体关节的运动为复合力点（F），以乙右脚为重心支点（D），甲将乙身体的复合力点向自己左脚牵动的路线为向心力作用线（E）。

战术变化

如图 4–37 瞬间，战术一扣头跌技：甲右脚前进扣乙左脚，左脚跟步以左腿控制乙右膝；同时近身以右手由后颈部扣住乙头部，左掌切击乙腰部不变，身体右转将乙跌倒，擒拿乙方。战术二扣膝摔技：甲身体下降；同时双手抱住乙右膝内侧，以右肩向乙双脚后方靠击乙右胯部，将乙摔倒，擒拿乙。

第四式　斜面上梯

动作一：乙上左脚以左钻拳击甲面部时，甲上左脚，同时右手由内向外横拨乙左手腕内侧，左掌由下插挂乙左肘外侧（图 4–39）。

动作二：甲左脚回收半步；同时右手向右、向前、向左，左手向左、向后、向右合劲挫盘乙左臂（图 4–40）。

图 4–39

图 4–40

动作三：甲左脚向乙左脚后方插步；同时右手向右侧微带，左手顺势从乙左肘下穿拳，双手相合狭住乙左臂（图 4-41）。

动作四：甲以腰带动身体右转；同时双臂向自己右脚方向合劲，将乙摔倒擒拿（图 4-42）。

图 4-41

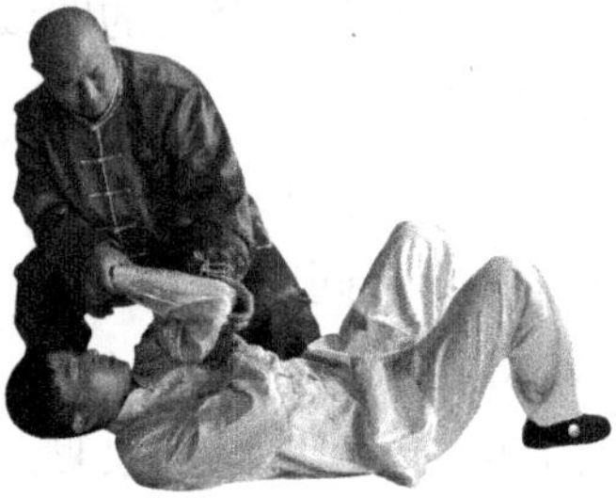

图 4-42

口诀

双手合住上云梯，斜面化劲斜面法。上下配合身如猴，动如闪电飞上墙。

要点

甲双手抱穿挫盘要快准，身体要像猴子一样灵活，是练“翻斜面”能翻转变化的擒拿技术。

劲力分析

当图 4-41 时，甲以 B（B 代表乙左肘）为圆心，A（A 代表乙左手腕）为圆上的点，旋转 A 微向下控制乙上肢（如图 A 点旋转弧线）；ABC（C 代表乙左胯）是三个不相邻关节形成的三角形斜面，通过受力形成多个斜面的旋转，能控制乙整体关节的运动为复合力点（F），以乙左脚为重心支点（D），甲将乙身体的复合力点旋转向自己右脚外侧牵动的路线为向心力作用线（E）。

战术变化

如图 4-40 瞬间，战术一盘扣旋技：甲右手松开，左手托乙左肘部，右手顺势由乙后面扣住乙右颈部；同时双手由腰发力盘住乙的身体，向自己右脚外侧旋摔，将乙擒拿。战术二踢脚跟摔技：甲左脚落实，松右手顺势抓住乙左肩，向乙身后拉；同时右脚勾踢乙左脚跟，上下合力将乙摔倒。

第五式 上下斜行

动作一：乙上左脚以左钻拳击打甲面部时，甲右手由内向外弧形扣住乙左手腕内侧，左手由下扣住乙左肘部，双手合力，同时左脚抬起铲击乙左小腿前侧（图 4-43）。

动作二：乙左脚回收，甲速上左步于乙左脚后方；同时甲左手穿掌由内乙胸前抱扣乙颈部（图 4-44）。

动作三：甲以腰带动身体右转，左脚向左横拨；同时双手旋抱乙颈部，形成上下合劲，将乙擒拿（图 4-45）。

图 4-43

图 4-44

图 4-45

口诀

上下用招斜行走，铲腿截臂抱颈手。手脚齐到敌慌心，转身松沉向地求。

要点

甲上下用招注意身体平衡，脚腿与手法的配合要连贯紧凑。是练“合斜面”的上下配合技术。

劲力分析

当图 4–44 时，甲以自己右脚为圆心，以 C（C 代表甲乙两脚接触点）为圆上的点，旋转 C 能破坏乙重心（如图 C 点旋转路线）；ABC（A 代表乙左手、B 代表乙前颈部）是三个不相邻部位形成的三角形斜面，通过受力形成多个斜面的旋转，能控制乙整体关节的运动为复合力点（F），以乙左脚为重心支点（D），甲将乙的复合力点偏向自己右脚旋转的路线为向心力路作用线（E）。

战术变化

如图 4–43 瞬间，战术一蹬拿技：甲左铲腿落空时；甲左脚抬起以左蹬腿蹬击乙左胸部，同时双臂合劲，上下配合，将乙擒拿。战术二连环铲：甲左铲腿为虚招，速抬左腿铲击乙左胯部；同时双手将乙左臂托直，向乙身后托推，上下配合，将乙铲倒。

第四级　回字诀

回字诀的理念

指进攻与防守都有缠绳回带的劲力，是运用绳索术的原理，分别练习“控制回旋、化中回挎、回中抗攻、回中抱合、翘中下回”等主要以“向心力”用招的技术。

具体要求

对练双方互行抱拳礼后，正确完成十字功“回”字（图 3–23—图 3–27）的动作。配合完成“回”字原理变化的五个动作，就是墨家旋极术四级擒拿的表演水平。能掌握每招的力学分析，熟练每个动作的战术变化，巧妙地活学活用，是墨家旋极术四级擒拿的运用水平。

第一式　翻身上马

动作一：乙上左脚准备要进攻甲时，甲速进右脚于乙左脚外侧，同时右手截乙左臂内侧，左手按乙右手腕外侧，以控制乙方（图 4–46）。

动作二：甲右脚进半步；同时右手顺势由乙左臂部向右肩颈部填劲，身体下降，左手下插，由外抱住乙左腿膝部内侧（图 4–47）。

动作三：甲以腰带动身体右转；同时上左步旋转乙身体，向甲右脚外侧摔乙，将乙擒拿（图 4–48）。

图 4–46

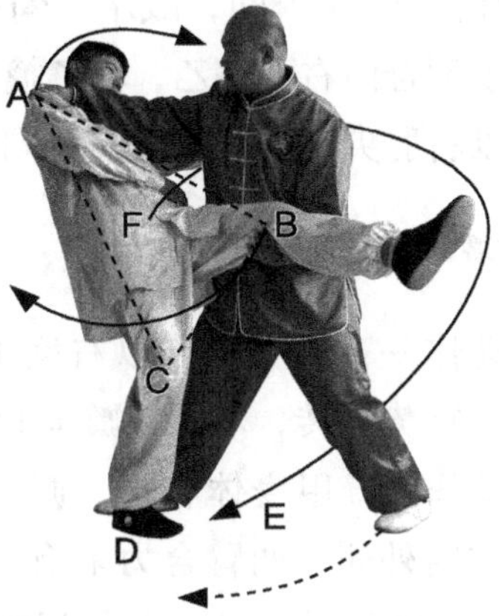

图 4–47

图 4–48

口诀

进步封手防攻线，稳中求胜巧抱腿。旋回用招翻敌身，破敌上步快马鞭。

要点

甲上步协调一致，抱腿旋转以甲重心稳定为主，牵动乙重心向甲身体右侧旋转，是练“控制回旋”的旋转技术。

劲力分析

当图 4–47 时，甲以 AB（A 代表乙右颈部、B 代表乙左膝内侧）为圆上直径两点，绕 AB 两点直径圆心旋转（如图 AB 两点的弧形箭头），能牵动乙重心；ABC（C 代表乙右膝）为三个不相邻关节形成的三角形斜面，通过受力形成多个斜面的旋转，能控制乙整体关节的运动为复合力点（F），以乙右脚为重心支点

(D)，甲上左步，将乙身体的复合力点向自己右脚外旋转为向心力作用线（E）。

战术变化

如图 4–47 瞬间，战术一勾摔技：甲右脚勾乙右脚后跟部；同时身体右转，以双手配合向右下摔乙，将乙擒住。战术二肘扣技：甲左手松开乙左腿，右肘下沉，以右肘尖下击乙心口窝；同时右腿扣住乙的右腿部，上下配合将乙擒拿。

第二式　青龙回首

动作一：甲上右步以右反手掌打乙面部，乙速上右步右手拧甲右手腕时，甲随后顺势右转，右手内旋向自己右腰外划弧（图 4–49）。

动作二：甲身体右转，调整右脚，左脚向前跟步；同时右手外旋，左臂挎住乙右肘外侧，两臂合力来擒拿乙右手臂，身体下降向自己右脚外旋转，能控制乙整体的运动。此式容易折断手臂，习练者请注意，点到为止（图 4–50）。

图 4–49

图 4–50

口诀

顺势巧化贵在合，近身一步挎肘撅。回扣转体抱中捌，用招机会不离中。

要求

乙劲大，甲顺势要柔，上步挎肘要牢固。是练“化中回挎”的旋转技术。

劲力分析

当图 4–50 时，甲以 B（B 代表乙右肘）为圆心，A（A 代表乙右手）为圆上的点，甲挎住 B 向下旋转 A 折乙右肘（如图 A 点旋转路线）；ABC（C 代表乙右胯）为三个不相邻关节形成的三角形斜面，通过受力右旋形成多个斜面的旋转，能控制乙整体关节的运动为复合力点（F），以乙右脚为重心支点（D），甲将乙身体的复合力点向自己右脚外侧旋转的路线为向心力作用线（E）。

战术变化

如图 4–50 瞬间，战术一撩技：甲左脚向乙右脚后上步；同时左臂松开，以左掌臂击打乙右肋部，顺势控制乙方。战术二托把技：甲左脚向乙右脚外侧上步；同时左臂旋转向上托住乙右肘部，右掌化开乙右抓腕，以右掌推乙右胸部，将乙击倒。

第三式　大雁冲霄

动作一：甲上右脚以右手反手掌击打乙面部时，乙突然上右步，右手腕抓住甲右手腕（图 4–51）。

动作二：甲以腰带动身体，右手内旋向下、向右、向前、向后变外旋翘开乙右手腕抓劲；同时上左步，以乙右掌根为支点，左手抓住乙右腕，以左肘抗乙右肘，身体右回带，两臂合力来控制乙（图 4–52）。

图 4–51

图 4–52

口诀

旋飞斜行雁冲天，双手扣住翘腕抗。云中追月顺势打，控住中节敌难挡。

要求

甲翘腕控肘要协调一致。能练“回中抗攻”的技巧，是练向心力回带与离心力的发放技术。

劲力分析

当图 4–52 时，甲以 A（A 代表乙右手）为圆心，B（B 代表乙右肘）为圆上的点，向上旋转 B（如图 B 点旋转路线箭头），能控制乙右臂；ABC（C 代表乙右膝）为三个不相邻关节形成的三角形斜面，通过上下受力形成多个斜面的旋转，能控制乙整体关节的运动为复合力点（F），以乙右脚为支点（D），甲将乙身体的复合力点向自己右脚发放的路线为向心力作用线（E）。

战术变化

如图 4–52 瞬间，战术一托肘横臂技：甲左肘架开乙右臂；左脚顺势向乙右脚后上步，以右臂横劲击打乙前胸，将乙制服。战术二合臂摔技：甲双手合臂向乙右脚外下带压乙右前臂；同时身体左转，左脚向乙右脚后上步，上下合劲，将乙摔倒擒拿。

第四式　怀中抱梁

动作一：甲上右脚以右反手掌击打乙面部时，乙突然上右步，右手腕抓住甲右手腕（图 4–53）。

动作二：甲以腰带动身体，右手内旋向前、向下、向右、向后变外旋向下扣住乙右手腕；同时撤右步上左步，左手由下、向前、向内扣抱乙右腕部，身体右回带，两臂抱合来控制乙（图 4–54）。

图 4–53

图 4–54

口诀

一动就化抱梁肘，抱住回身旋折扣。整体合住劲要活，踢打摔拿运其中。

要求

甲上下配合要协调，重心要稳，步法要轻灵。是练“回中抱合”的后撤用招技巧。

劲力分析

当图 4–54 时，甲以 A（A 代表乙右手）向下、向内旋扣乙右腕，右肘内侧内合控制 B（B 代表乙右肘），双臂如上螺丝一样旋转；ABC（C 代表乙右胯）为三个不相邻关节形成的三角形斜面，通过上下受力内合形成多个斜面的旋转，能控制乙整体关节的运动为复合力点（F），以乙右脚为重心支点（D），甲将乙身体的复合力点向自己右脚旋转的路线为向心力作用线（E）。

战术变化

如图 4–54 瞬间，战术一截肘技：甲右手扣住乙右腕，左臂松开以左前臂截击乙右肘外侧；同时左脚向乙右脚内侧插步，将乙摔倒擒拿。战术二下采技：甲双手合臂扣住乙右手腕，左脚向左调整半步；同时右脚向乙右脚外侧上步，双手向乙身后采乙右手腕，将乙摔倒擒拿。

第五式　金鸡点头

动作一：甲上右脚以右反手掌击打乙面部时，乙突然上右步，右手腕抓住甲右手腕回带（图 4–55）。

动作二：甲左脚向前上半步；同时右手绕乙右手腕内侧划弧撬开乙右手，左手由下向上抓住乙右手腕以助力（图 4–56）。

图 4–55

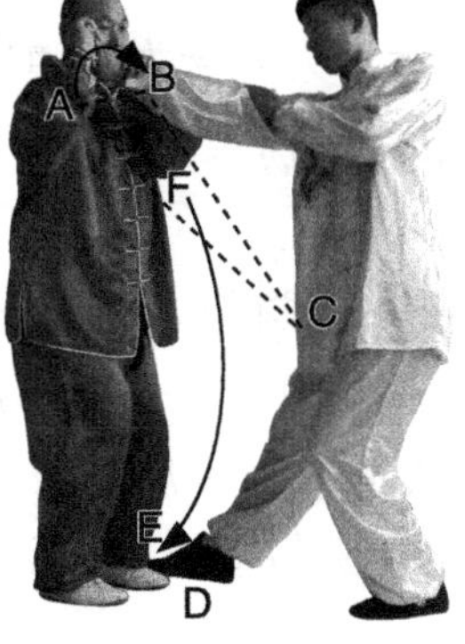

图 4–56

动作三：甲左右手合力反搓乙右手腕部；同时向前（乙身后）、再向下（甲右脚前）侧弧形发劲，将乙擒拿（图 4–57）。

图 4–57

口诀

双手合腕扣指旋，眼观六路防后手。周身一起向下钻，金鸡点头回中带。

要求

甲右手腕翘搓指要准，下点要快，注意乙后手的反击。是“翘中下回”的前后转变技术。

劲力分析

当图 4–56 时，甲 A（A 代表乙右手）以 B（B 代表乙右手腕）为圆心向内旋（如图 A 点形成的弧形路线箭头），来控制乙上肢；ABC（C 代表乙右胯）为三个不相邻关节形成的斜面，通过受力合劲形成多个斜面的旋转，能控制乙整体关节的运动为复合力点（F），以乙右脚后跟为重心支点（D），甲将乙身体的复合力点向乙身后、向下（甲右脚）弧线发放的路线为向心力作用线（E）。

战术变化

如图 4–56 瞬间，战术一合肘技：甲右手扣住乙右腕，同时左手松开向前扣住乙右肘外侧，双手合臂扣住乙右肘部，将乙擒拿（此式要注意安全，特此说明）。战术二撤步后采技：甲双手合臂扣住乙右手背，右脚向身后撤一步；同时双手向下、向右、向后采扣乙右手腕，将乙摔倒擒拿。

第五级 帮字诀

帮字诀的理念

周身巧妙配合，能体现身体“整体化一”的运用原理。是分别练旋中帮、合中帮、换手帮、盘中帮、靠中帮等的用招技术。

具体要求

对练双方互行抱拳礼后，正确完成十字功“耕字”（图 3-28—图 3-30）的动作。配合完成“帮字”原理变化的五个动作，就是墨家旋极术五级擒拿的表演水平。能掌握每招的力学分析，熟练每个动作的战术变化，巧妙地活学活用，是墨家旋极术五级擒拿的运用水平。

第一式 左旋子

动作一：甲上右步双手上捧；同时乙上左步以左右手分别由外向内抓住甲右左手腕（图 4-58）。

动作二：甲右脚向乙左外侧上半步；同时右手内旋向下、向前、向上化解乙左手抓劲，左手外旋向下、向前、向上变内旋扣抓住乙左肩（图 4-59）。

图 4-58

图 4-59

动作三：甲左脚弧形向右脚后方插步转正；同时左手向自己左腰间拉乙左肩，右手外旋向上翘乙左臂，牵动乙的重心，身体左转向下合帮劲将乙摔拿（图 4-60）。

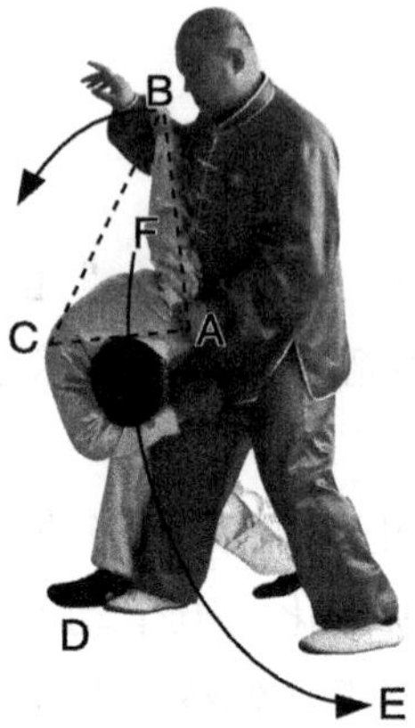

图 4-60

口诀

两手被抓旋转化，偏门进身找根晃。合一翘盘扣敌身，随动推帮钻重心。

要求

甲插步要巧，左手抓乙左肩要内收，右手要配合外展，身体要旋转，是练“旋中帮”的撤步转体技术。

劲力分析

图 4-60 时，甲以 A（A 代表乙左肩）为圆心，B（B 代表乙左手）以 A 为圆心圆上一点，B 绕圆心 A 向下旋转（如图 B 点的弧形箭头），控制乙上肢；ABC（C 代表乙右肩）为三个不相邻关节形成的三角形斜面，通过受力形成多个斜面的旋转，能控制乙整体关节的运动为复合力点（F），以乙左脚为重心支点(D)，甲将乙身体复合力点向自己左脚旋动的路线为向心力作用线（E）。

战术变化

如图 4-59 瞬间，战术一插帮技：当乙反应快丢手时，甲速右手掌插进乙左腋下，两手扣住乙左肩；同时左转体，撤左步，上下合劲，将乙摔倒擒拿。战术二套腿摔技：甲感到乙有变化，速身体下降，右腿套住乙左腿；同时右手下插乙大腿内侧，形成十字交叉，以右肩下靠乙左胯部，将乙靠倒。

第二式　风云手

动作一：乙上右脚，以右直拳打甲面部时，甲向乙身前右侧左闪步，同时右手由下、向上、向右刁住乙右手腕，左肩靠近乙肘部，左抱掌置于在腹前(图 4-61)。

动作二：甲左脚向乙右脚外侧上半步；同时左掌撩击乙右胸部（图 4-62）。

图 4-61

图 4-62

动作三：甲调整左脚，右脚向乙右脚外侧跟半步；同时左手收回扣住乙右肘部，右手向上推乙右手腕部（图 4-63）。

动作四：甲以腰带动身体向乙身体后上右步；同时双手向前推劲，破坏乙重心，随后双臂向乙左脚跟下合乙右臂，将乙擒拿（图 4-64）。

图 4-63

图 4-64

口诀

闪开正门偏撩中，扣臂后推拿后影。双手合劲向下降，拿中含摔招式强。

要求

甲右手向乙头后推乙右手，必须推动对方重心，在劲顺时用此招。是练

“合中帮”上步推的技术。

劲力分析

图 4-63 时，甲扣住乙 AB（A 代表乙右肘、B 代表乙右手），以乙右肩为圆心，A、B 为同圆心、不同大小的两个圆上的点，沿乙右肩向乙身后推动 AB 两个点，能通过推动破坏乙重心（如图 AB 两点弧形路线箭头）；ABC（C 代表乙左胯）为三个不相邻关节形成的三角形斜面，通过受力推动形成多个斜面的旋转，能控制乙整体关节的运动为复合力点（F），以乙左脚为重心支点（D），甲将乙身体复合力点向乙左脚后方推动的路线为离心力作用线（E）。

战术变化

如图 4-62 瞬间，战术一偷手帮靠技：甲左脚向乙右脚后外侧上一步；同时右手弧形向乙左侧推乙右手，随后甲左手顺式向下插乙大腿根部，以左肩靠击乙身体，右手向下按，帮助左手与左腿内扣合劲，将乙摔倒擒拿。战术二降身拨脚技：甲左脚向乙右脚外侧上一步；同时甲右手向下拉乙右臂，身体左转，随后身体下降成右跪步，左手接抓住乙右手腕，同时右手向下（自己身后）拨动乙右脚跟，形成上下合劲将乙摔倒擒拿。

第三式　霸王翻山

动作一：乙上右脚以右直拳击打甲面部时，甲上左步跟右步成并步，同时左手托住乙右肘，右手扣拿乙右手腕（图 4-65）。

动作二：甲调整右脚，左脚向乙右脚外侧上半步；同时左手抓住乙右肩，右手不动（图 4-66）。

图 4-65

图 4-66

动作三：甲右脚上半步；同时双手向前上方推乙右手臂（图 4-67）。

动作四：甲右脚向乙身后上一步；同时双手用劲向乙身体后方、向下划弧推动乙右臂，将乙擒拿（图 4-68）。

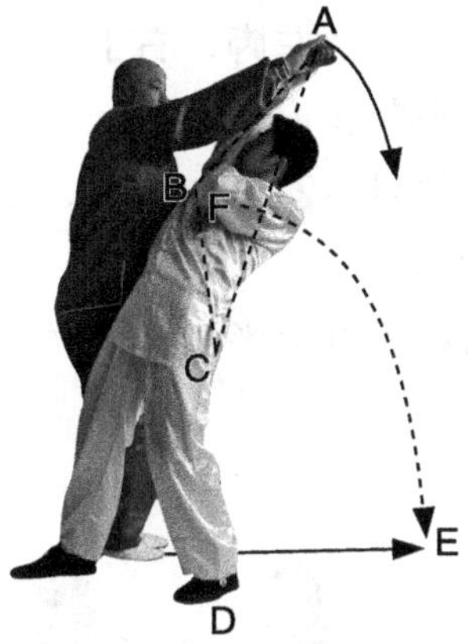

图 4-67

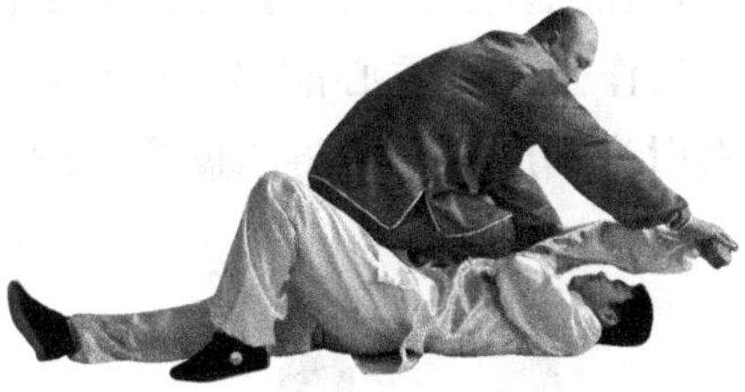
图 4-68

口诀

托手换手朝肩走，推臂点旋如翻山。进身一步意向远，周身松沉敌难变。

要求

甲托手与抓肩要协调一致，在推动乙重心的前提下，巧妙的完成动作。是练“换手帮”推动翻转的技术。

劲力分析

图 4-67 甲乙时，甲以 B（B 代表乙右肩）为圆心，A（A 代表乙右手）是以 B 为圆心圆上的点，甲推动 A 绕 B 旋转（如图 A 点形成的弧形箭头）来控制乙的上肢；ABC（C 代表乙左胯）为三个不相邻关节形成的三角形斜面，通过推动受力形成多个斜面的旋转，能控制乙整体关节的运动为复合力点（F），以乙左脚为重心支点（D），甲将乙身体复合力点向乙左脚跟发放的路线为离心力作用线(E)。

战术变化

如图 4-66 瞬间，战术一扣头技：甲松左手，速上左步，调整右步；同时身体下沉左转，以左手掌扣住乙前额部向后、向下弧形扣旋乙颈部，右手抓腕不变，向右下拉乙右手腕，配合用劲，将乙擒拿。战术二合手技：甲调整左脚，右脚向乙右脚外侧上步；同时身体下降左转，右手松手与左手合扣乙右肩，上下形成合劲，向乙身后弧形下采，将乙摔倒擒拿。

第四式　勒马式

动作一：乙上右脚以右直拳击打甲面部时，甲上左脚，右手由下向上弧形采拉乙右拳于右胸下，同时左肘内侧托住乙右肘外侧（图 4–69）。

动作二：甲腾出左手，从乙右臂上搬乙头部时，乙以左手防，随后甲顺势左手抓住乙左手，双手扣住乙双手臂（图 4–70）。

动作三：甲重心前移，调整左脚，右脚向乙后方上半步；同时甲两手臂以乙右肘为轴旋乙双臂将乙擒拿（图 4–71）。

图 4–69

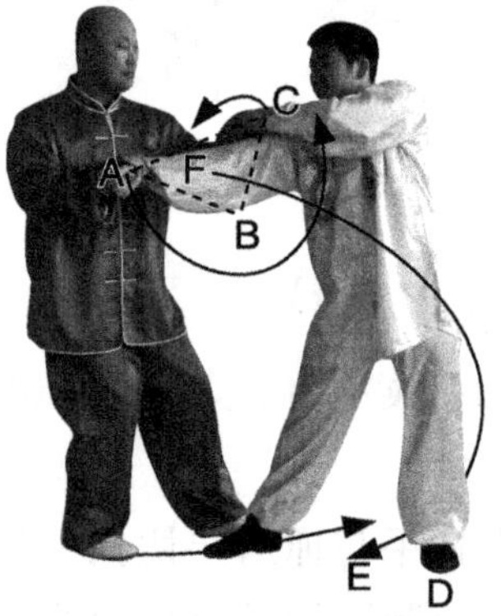

图 4–70

图 4–71

口诀

肘托肘困人难走，翻手勒马上合手。两手旋扣拉住绳，抖动身体整体攻。

要求

甲换手进身要快；同时盘住乙双手，身体旋转破坏乙重心。是练“盘中帮”旋转技术。

劲力分析

当图 4-70 时，甲以 B（B 代表乙右肘）为圆心，A（A 代表乙右手）点向下、向上、向左以 B 为圆心旋转；同时左手扣住 C（C 代表乙左手）向下、向 B 旋扣，将乙盘旋，能控制乙身体（如图 AC 两点的弧形箭头）；ABC 为三个不相邻关节形成的斜面，通过盘旋受力形成多个斜面的旋转，能控制乙整体关节的运动为复合力点，以乙左脚为重心支点（D），甲将乙身体的复合力点向乙身后旋转，然后向自己右脚方向扣旋的路线为向心力作用线（E）。

战术变化

如图 4-70 瞬间，战术一牵手横跌技：甲右手松开乙右手，左手回带乙左手腕，随后右手向前、向左横拍击乙左肘外侧；同时左脚微抬起向右横拨乙右脚外侧，甲左右手与左脚同时上下合劲，将乙擒拿。战术二进步合拿摔技：甲右手松开乙右手，左手回牵乙左手；同时调整左脚，右脚向乙右脚外侧上步，右掌推乙左腹部，以右肩顶住乙左肘部，上下合劲，将乙摔倒。

第五式　过山炮

动作一：甲上左步，双臂上抬时，乙上右脚双掌由上向下、向前异侧按在甲双臂肘上部（图 4-72）。

图 4-72

动作二：甲身体下降，调整左脚，右脚向乙右脚后方上步；同时左手臂回收，右手臂弧形由下向上、向乙身体后方内旋臂，以破乙推劲（图 4–73）。

动作三：甲重心下降；同时右手外旋翻掌下按，以右肘击打乙胸部，控制乙腰部，将乙擒拿（图 4–74）。

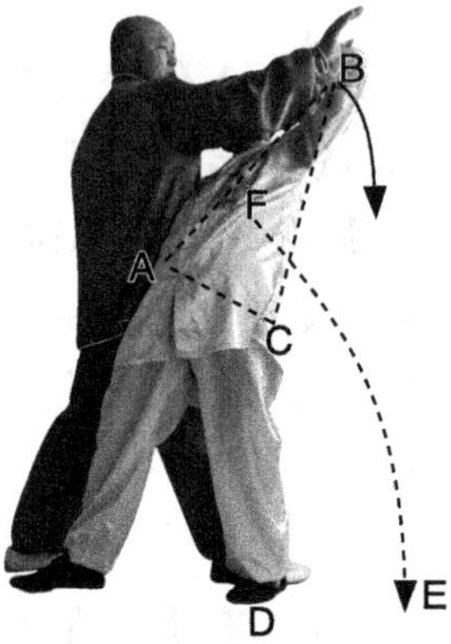

图 4–73

图 4–74

口诀

旋转破推上步跟，上下齐攻敌斜身。意在身后气下沉，过身按打如炮轰。

要求

甲偷步与换手化劲要协调一致，周身一家。是练“靠中帮”的近身技术。

劲力分析

当图 4–73 时，甲以 A（A 代表乙右胯）点为圆心，B（B 代表乙左手）点为圆上的点，B 点向下划弧控制乙重心（如图 B 点的弧形箭头）；ABC（C 代表乙左胯）为三个不相邻关节形成的斜面，通过靠身受力形成多个斜面的旋转，能控制乙整体关节的运动为复合力点（F），以乙左脚为重心支点（D），甲将乙身体的复合力点向乙身后、向下靠劲发放的路线为离心力作用线（E）。

战术变化

如图 4–72 瞬间，战术一肘膝合技：甲调整左脚，右臂以点化劲化掉乙左手推劲，顺势身体下降；同时以右脚向前、向下扣住乙右脚腕后侧，右手顺乙右腿外侧向下找劲，以右膝前顶与右肘前帮将乙摔倒。战术二换步盘合技：甲调整左脚，顺势上右步外盘乙右脚；同时右臂旋转化劲，右手按住乙右腿胯根部，上下合劲，向乙身体后方推，将乙摔倒擒拿。

第六级 围字诀

围字诀的理念

是如水力量一样左右、上下围攻的动作，分别练习突围、合围、后围、上下围、强围、中门围等声东击西的战术技巧，体现“围字”特点的用招技术。

具体要求

对练双方互行抱拳礼后，正确完成十字功“围字”（图 3-31—图 3-35）的动作。配合完成“围字”变化的六个动作，就是墨家旋极术六级擒拿的表演水平。能掌握每招的力学分析，熟练每个动作的战术变化，巧妙地活学活用，是墨家旋极术六级擒拿的运用水平。

第一式 斜中旋臂

动作一：甲上左步，两臂上抬引动乙进攻时；乙速上左步，双手异侧推住甲双上臂（图 4-75）。

动作二：甲左臂向前旋转，捧住乙的右手推劲；同时右手向下、向后、向前划弧，形成斜面劲，化开乙左手推劲（图 4-76）。

图 4-75

图 4-76

动作三：甲右脚向乙左侧上步；同时左手抓住乙左肩向左胸前内收，右手抓住乙左手腕以乙左肩为轴向乙身体后旋转（图 4-77）。

动作四：甲左脚后撤一步，右脚向乙左脚前上一步；同时重心下降，两臂合力以乙左肩和左腿为轴向自己右脚内侧旋转，将乙擒拿（图 4–78）。

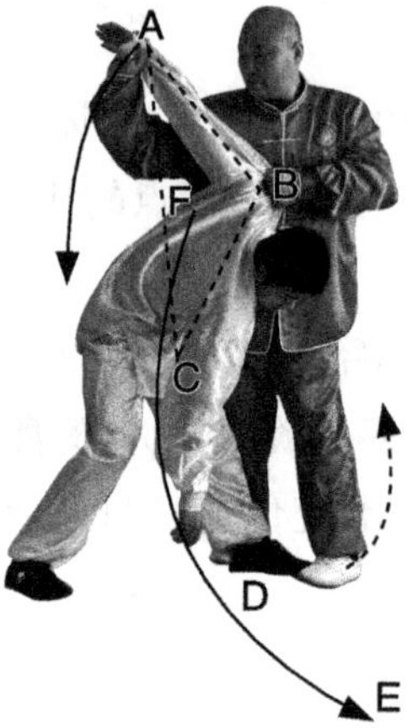

图 4–77

图 4–78

口诀

正来斜走偏进行，绕攻围住意在前。靠身旋中生在变，大招小招招中招。

要求

甲左手抓乙左肩内收，紧贴甲的胸部，以靠身体旋转破乙重心为主。是练“突围”转变进攻路线的技术。

劲力分析

当图 4–77 时，甲以 B（B 代表乙左肩）为圆心，A（A 代表乙左手）为圆上的一点，A 点以圆心 B 向下旋转（如图 A 点的弧形箭头）控制乙身体转动；ABC（C 代表乙左胯）为三个不相邻关节形成的斜面，通过旋转受力形成多个斜面的旋转，能控制乙整体关节的运动为复合力点（F），以乙左脚为重心支点（D），甲将乙身体的复合力点向自己右脚上步方向牵引发放的路线为向心力作用线（E）。

战术变化

如图 4–77 瞬间，战术一环中靠技：甲右手向乙右胯方向推乙左手；同时右脚靠住乙的左脚外侧，上右步以身体靠乙身体，将乙靠倒。战术二手膝合技：甲重心下降，左手顺势扣住乙后颈部，与右手向下合劲；同时左膝上顶乙面部，左脚向乙身前落，身体左转将乙擒拿。

第二式 凤凰落山

动作一：甲微上左步，双手在胸前抱圆，右手在上，欲要翻手打乙时；乙上左步，左手虎口抓住甲右手腕（图 4–79）。

动作二：甲右脚跟半步；同时左手扣住乙左手腕，双手弧形向前、向上翻乙左手腕，化掉乙左手抓劲（图 4–80）。

动作三：甲右脚向前上一步；同时左手扣住乙左手腕，右手滑按住乙左肘部外侧（图 4–81）。

动作四：甲重心前移，身体下降；同时双臂合力，向乙身后发放，将乙擒拿（图 4–82）。

图 4–79

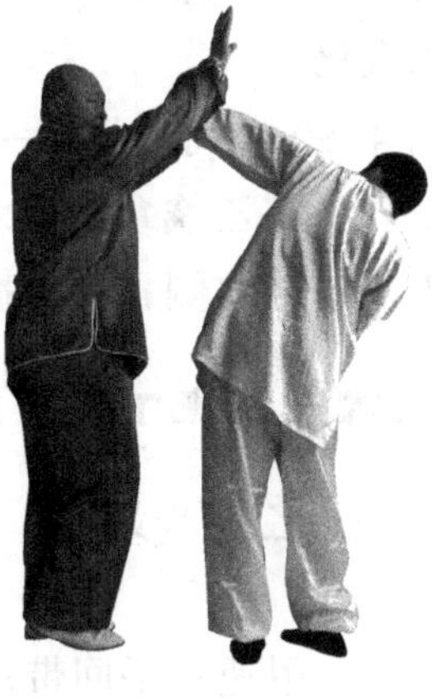

图 4–80

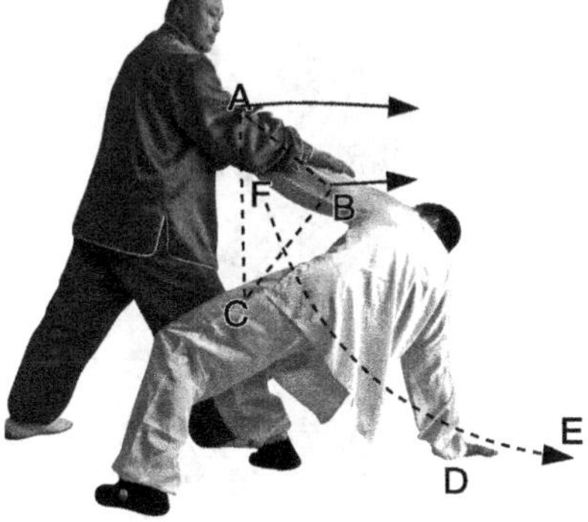

图 4–81

图 4–82

口诀

起手好似凤开屏，开中有合意要攻。松沉下落找根基，反拿关节腕肘求。

要求

甲上步合手扣腕要一致，进步挫手压肘要协调。是练双手“合围”控制对手的技术。

劲力分析

当图 4–81 时，甲推 AB（A 代表乙左手、B 代表乙左肘）绕乙右手为轴，向乙身体推动（如图 AB 点的弧形箭头），控制乙方的平衡；ABC（C 代表乙左胯）为三个不相邻关节形成的斜面，通过推动受力形成多个斜面的旋转，能控制乙整体关节的运动为复合力点（F），以乙右手为重心支点（D），甲将乙身体的复合力向乙身后推动的路线为离心力作用线（E）。

战术变化

如图 4–80 瞬间，战术一扣腕技：甲双手扣住乙左腕；同时向下（乙左脚方向）下扣，将乙擒拿。战术二扣腕切膝技：甲双手扣住乙左手腕；同时右脚抬起切击乙左膝内侧，将乙擒拿。

第三式　猛虎下山

动作一：乙并步站立；甲上右步由乙左侧后，以右手抓住乙左肩部（图 4–83）。

动作二：甲速右手回带；同时左脚截击乙左膝关节后侧（图 4–84）。

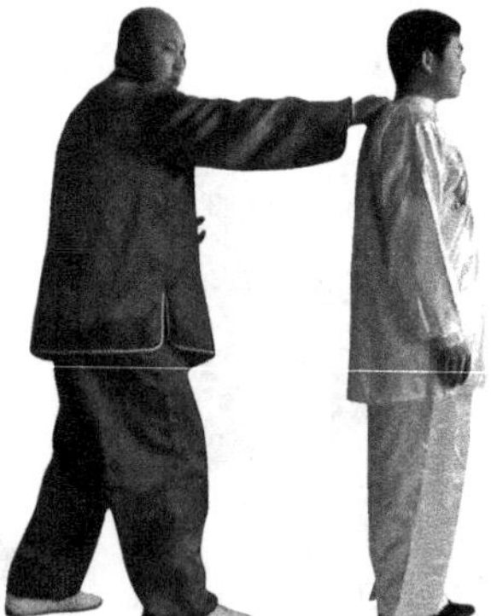

图 4–83

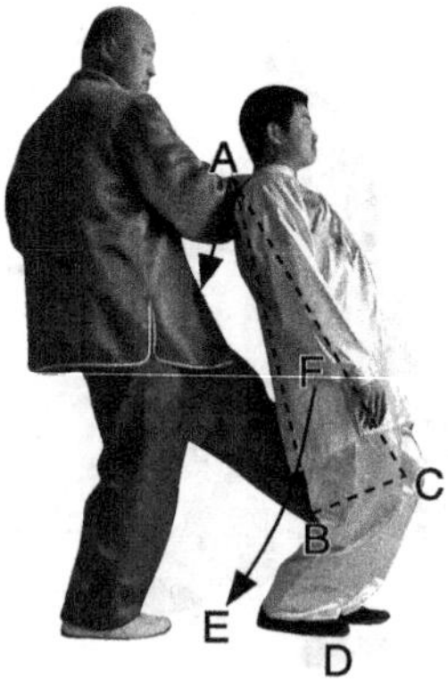

图 4–84

动作三：甲左脚下落，左手扣在自己的右手上，双手合劲回带乙左肩部；同时右膝顶乙后心部，将乙擒拿（图 4–85）。

图 4–85

口诀

猛虎出洞悄悄行，似慢非慢下山功。下截上撞虎扑食，周身合体气势攻。

要求

甲回带乙肩与左截腿要协调一致，膝撞时要身体站稳。是练“后围”主动截腿后擒拿的技术。

劲力分析

当图 4–84 时，甲牵引 A（A 代表乙左肩）向左回带（如图 A 点的弧形箭头）；ABC（B 代表乙左膝内侧、C 代表乙右膝部）为三个不相邻关节形成的斜面，通过牵动受力形成多个斜面的旋转，能控制乙整体关节的运动为复合力点（F），以乙右脚为重心支点（D），甲将乙身体的复合力向自己右脚下牵动的路线为向心力作用线（E）。

战术变化

如图 4–83 瞬间，战术一闪步蹬膝技：乙重心在左腿上；甲左脚向左上步，向左带动乙左肩，同时右脚蹬击乙左膝后侧，将乙摔倒擒拿。战术二晃动重心铲膝技：乙重心在右腿上；甲右手向乙右侧带动，右脚向右闪步，左腿铲乙的右膝后侧，将乙擒拿。

第四式　风云变化

动作一：乙上左步以左直拳击打甲面部时；甲调整步法，双手由上向后按化乙左直拳，同时左脚截击乙左膝部（图 4-86）。

动作二：当乙抵抗能力很强时；甲速变招撤左步，左手按压乙左手，同时以右反掌击打乙面部（图 4-87）。

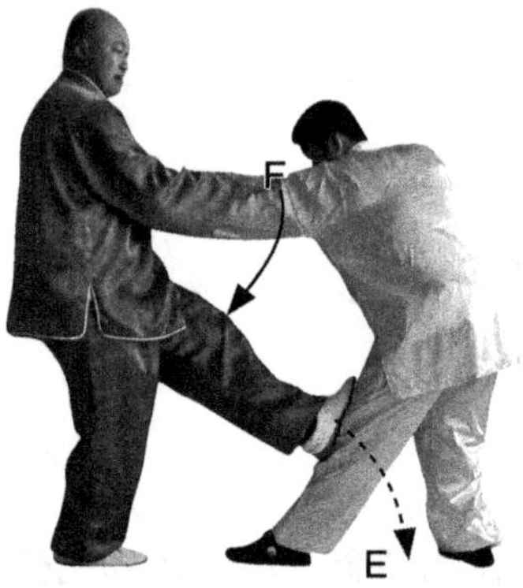

图 4-86

图 4-87

口诀

上防下攻暗进腿，风云之式变为通。一按一反掌击面，上下转换不留情。

要求

体会甲上下肢用招转换的时机，动作要快猛、准确、连贯，是练“上下围”的截击翻手法。

劲力分析

当图 4-86 时，甲左脚下截击乙左膝时，有向下的踩劲（E），能控制乙左腿的灵活性；同时双手向后牵引力（F），上下成合力，控制乙。

战术变化

如图 4-86 时，战术一横跌摔拿技：甲左脚下落，右脚勾乙左脚外侧；同时腾出右手由上向下，由乙左臂下横扫乙左肋部，上下成剪刀劲，将乙跌倒。战术二降式拨脚摔拿技：甲左脚向左前下落，右脚向乙裆内侧上步，身体下降；同时右手由上向下拨乙左膝内侧，左手向自己左下拉乙左臂，右肩控制乙的肩肘部，使身体下降与左右臂形成合劲，将乙摔倒擒住。

第五式　快马加鞭

动作一：甲上右步，双手上捧；乙上右步，双手异侧在外推甲双臂（图4–88）。

动作二：甲速左手抓扣住乙右手腕内侧，右手扣住乙右肘内外侧回带；同时左脚点击乙右膝外侧，随后左脚落地，右膝上顶乙的头部（图4–89、图4–90）。

动作三：甲重心下降，当乙失重时，双手快速异侧抓住乙双手腕，同时向乙身后推乙，将乙擒拿（图4–91）。

图 4–88

图 4–89

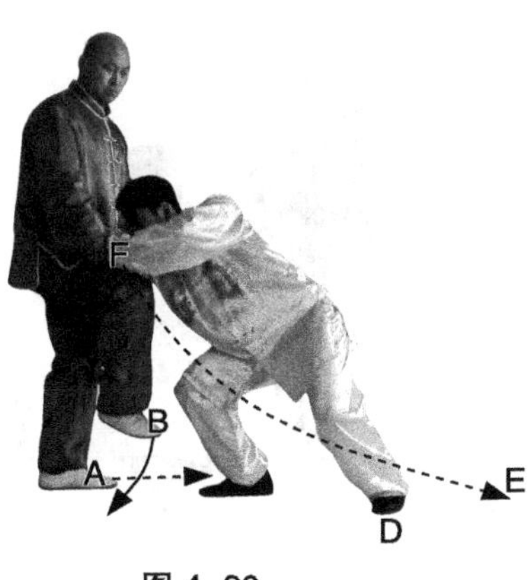

图 4–90

图 4–91

口诀

斜面滚动化推劲，膝提下扣翻上马。十字牵绳观阵架，快马一鞭赶上敌。

要求

甲体会扣肘与提膝要协调一致。是练“强围”破推合膝的技术。

劲力分析

当图 4-90 时，当乙身法乱时，甲调整左右步法［如图甲左（A）右（B）脚的路线箭头］，双手快速异侧抓住乙双手腕，能控制乙的整体复合力点（F），以 D（D 代表乙左脚）点为重心支点，甲将乙的复合力点向乙左脚后发放的路线为离心力作用线（E）。

战术变化

如图 4-89 瞬间，战术一扣锁骨技：甲松开右手，左手不变；同时左脚上前落步，以虎抓扣住乙的右锁骨，向下扣，顺势以右姜牙拳顶击乙喉部，将乙制服。战术二推跌技：甲左脚落在乙右脚外侧，调整右脚；同时左手向乙右肩推乙右手，右手松开，顺乙右肘下以右掌推乙右胸部，将乙推倒擒拿。

第六式　夜叉探海

动作一：乙上左脚以双掌推甲时；甲上右脚双手异侧在外扣住乙双手拇指（图 4-92）。

动作二：甲双手微外旋再内旋下扣乙两手拇指；同时提右膝上顶乙下颌。随乙后撤身体，甲以右脚踢乙胸部，将乙踢倒，速上步将乙控制（图 4-93—图 4-95）。

图 4-92

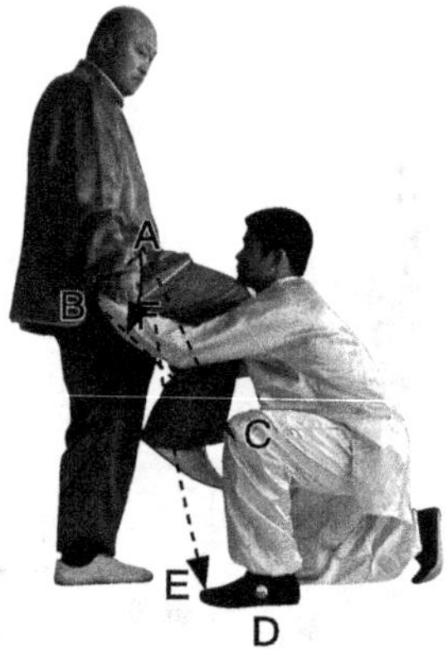

图 4-93

图 4–94

图 4–95

口诀

擒贼擒王扣拇指，夜叉探海入地耕。起膝顶打撞下巴，穿心脚进破围墙。

要求

甲合拇指与提右膝要协调一致，向下扣拇指向乙左脚尖划弧，将乙控制，体现圆中出招的原理，是练“中门围”进正门的擒拿技术。

劲力分析

当图 4–93 时，甲以 A（A 代表乙左右手拇指）作为 B（B 代表乙左右手腕）为圆心的圆上的一点，向下旋转（如图 A 点的弧形箭头）控制乙身体转动；ABC（C 代表乙左膝）为三个不相邻关节形成的斜面，通过旋转向下受力形成多个斜面的旋转，能控制乙整体关节的运动为复合力点（F），以乙左脚为重心支点（D），甲将乙身体的复合力点向乙左脚下扣的路线为离心力作用线（E）。

战术变化

如图 4–92 瞬间，战术一弧形找圆技：甲扣乙拇指外旋翻手，向自己的右脚尖划弧扣拿；同时右脚后撤一步，双手向右下划弧，将乙擒拿。战术二合手划圆技：甲双手内旋下扣乙双手拇指，左右晃动乙重心；同时双手合臂向乙左侧脚外划圆，将乙弧形摔倒擒拿。

第七级　割字诀

割字诀的理念

比喻运转动作如镰刀一样厉害，是分别练顾上割下、上下割、钩挂割、变招割、进身割、向下割等用招技术。

具体要求

对练双方互行抱拳礼后，正确完成十字功“割字”（图 3-36—图 3-38）动作。配合完成“割字”变化的六个动作，就是墨家旋极术七级擒拿的表演水平。能掌握每招的力学分析，熟练每个动作的战术变化，巧妙地活学活用，是墨家旋极术七级擒拿的运用水平。

第一式　铁牛耕地

动作一：乙上左步，以右蹬腿蹬击甲胸部时；甲身体右闪上右步，同时左手向下、向外、向内弧形抱住乙右脚，右手截乙右膝部，左右手以合劲破乙右蹬腿（图 4-96）。

动作二：甲身体右转，左臂内收扣住乙右脚腕；同时右手弧形向右、向下、向内搂乙右膝，控制乙右腿，随后甲双臂晃动乙右腿来破坏乙的平衡度，进身以左脚截击乙左膝内侧，将乙摔倒擒拿（图 4-97、图 4-98）。

图 4-96

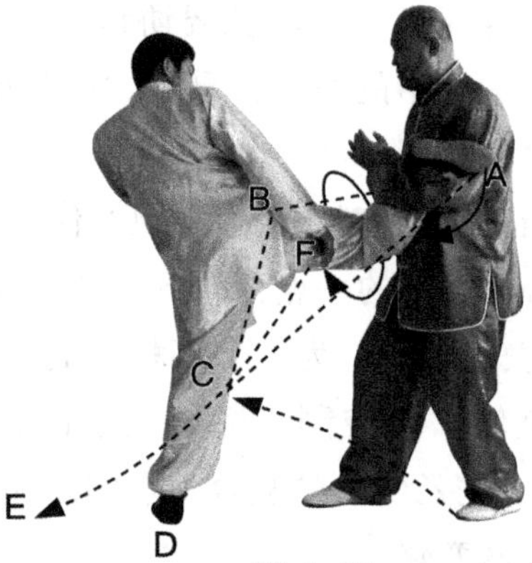

图 4-97

图 4-98

口诀

破腿旋转巧进身，狮子张开腿蹬山。转腰扣脚夹脖式，铁牛耕地脚下行。

要求

甲进身旋转防腿要巧快，左右手要同时到，上扣下截要协调一致，就像镰刀一样巧。是练“顾上割下”的破右蹬腿摔拿技术。

劲力分析

当图 4–97 时，甲以 A（A 代表乙右脚）至 B（B 代表乙右胯）为空轴，甲右手向下旋转乙右膝，绕 AB 空轴转，同时左臂旋扣乙右脚腕（如图乙右膝与 A 点脚尖的弧形箭头），能控制乙身体转动；ABC（C 代表乙左膝）为三个不相邻关节形成的斜面，通过旋转受力形成多个斜面的旋转，能控制乙整体关节的运动为复合力点（F），以乙左脚为重心支点（D），甲将乙身体的复合力点向乙左脚外侧发放的路线为离心力作用线（E），同时左脚截击乙左膝内侧。

战术变化

如图 4–97 瞬间，战术一扣缠腕技：甲右脚向后撤一步，左手臂扣乙右脚不动；同时右手合扣住乙右脚跟，身体内收右转，扣缠乙右脚腕向下扣压，将乙擒拿。战术二防腿顶技：当甲抱腿不顺时，抬起右膝可以顶乙的裆部或腹部，将乙制服。

第二式 狮子摇臂

动作一：乙上右步，以右直拳击打甲头部时；甲右手由外抓扣住乙右拳，左臂截击乙右肘，同时右脚上步，左插步插在乙右脚内侧，双臂下压乙右臂，与左脚上下合劲，控制乙方（图 4–99、图 4–100）。

图 4–99

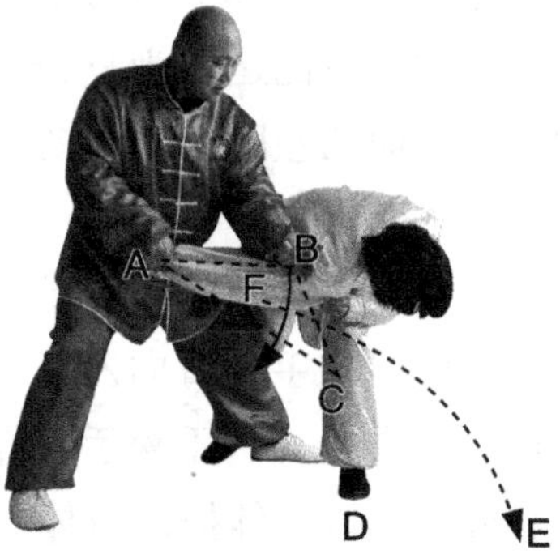

图 4–100

动作二：乙将要后撤时，甲重心前移，左脚在合适的位置落脚，右脚低里合击打乙胸部，将乙擒拿（图 4-101）。

图 4-101

口诀

狮子合臂先入路，摇臂控制闪门户。后脚上下大合身，防攻进拿全在步。

要求

甲双臂与左脚上下合劲要快，身体向前有推动劲，能破坏乙重心，是练“上下割”破拳截臂摔拿的技术。

劲力分析

当图 4-100 时，甲以 A（A 代表乙右手）为圆心，B（B 代表乙右肘）为圆上的一点，B 向下旋转控制乙右臂（如图 B 点的弧形箭头）；ABC（C 代表乙左膝）为三个不相邻关节形成的斜面，通过推动受力形成多个斜面的旋转，能控制乙整体关节的运动为复合力点（F），以乙左脚为重心支点（D），甲将乙身体的复合力向乙左脚外侧推动的路线为离心力作用线（E）。

战术变化

如图 4-100 瞬间，战术一勾推技：甲在乙重心前移时，以左脚勾住乙左脚内侧，同时双手合臂向乙重心支点前推，将乙推倒擒拿。战术二带撞技：甲左手反抓乙右肩，右手松手与左手合劲向乙左脚外推带劲；同时右脚向前扣住乙左脚外侧，以身体撞乙身体，将乙推撞倒。

第三式 勾挂旋极腿

动作一：甲上左脚，左手向前做扶手桩时；乙上左步，左手抓住甲左手腕（图 4–102）。甲重心前移，右脚内勾乙左脚外侧；同时右手由下向前抱扣乙左肘（图 4–103）。

动作二：乙松左手，向右横化开甲抱扣法，左脚顺式抬腿化解甲右勾腿时；甲待乙抬腿时，以右切腿切击乙右膝部，同时左手扣住乙左手，右肘弹击乙左肘与右掌切击打乙左肋部成十字打法（图 4–104、图 4–105）。

图 4–102

图 4–103

图 4–104

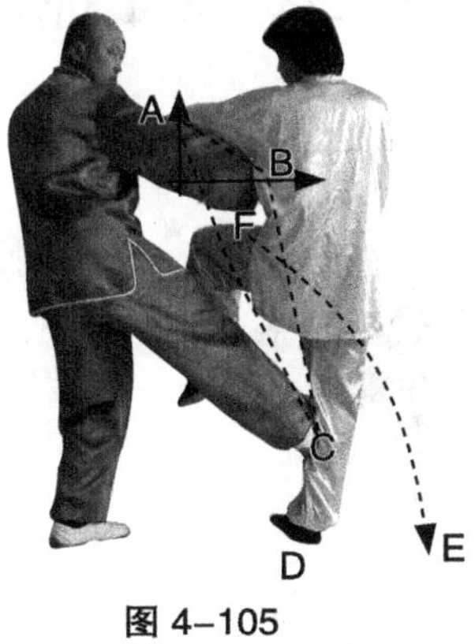

图 4–105

口诀

勾腿提膝立战场，五湖四海把名扬。随曲就进切下挡，万马营中随敢强。

要求

甲勾挂腿要连环，切撩掌要周身一家，整体合一。是练“勾挂割”的勾切技术。

劲力分析

当图 4–105 时，甲抓住乙左手为支点，右肘弹击乙 A（A 代表乙左肘），推动右掌切击乙 B（B 代表乙左肋部），形成轴旋弹劲（如图穿过 AB 点的十字箭头），同时右切腿切击乙 C（C 代表乙右膝部）；ABC 为三个不相邻关节形成的斜面，通过受力形成多个斜面的旋转，能控制乙整体关节的运动为复合力点（F），以乙右脚为重心支点（D），甲将乙身体的复合力向乙右脚下整体发放的路线为离心力作用线（E）。

战术变化

如图 4–105 瞬间，战术一挤裆撞技：甲右脚向乙裆内插步；同时身体向乙裆内挤撞，将乙撞倒。战术二空中合技：乙左脚下踩破甲右切腿时，甲身体左转，左手抓住乙左手腕下带，随后右手向下扣乙左脚腕前侧；同时右手按住乙左膝外侧与右膝撞乙膝内侧成合劲，向左形成三角形旋转劲将乙摔倒。

第四式　切踩连环腿

动作一：甲上左步，出左手成左扶手桩，乙上左步，左手抓住甲左手腕时；甲重心前移，右脚向前横扫乙左小腿外侧，同时右手由下向前、向内抱缠乙左手腕（图 4–106、图 4–107）。

图 4–106

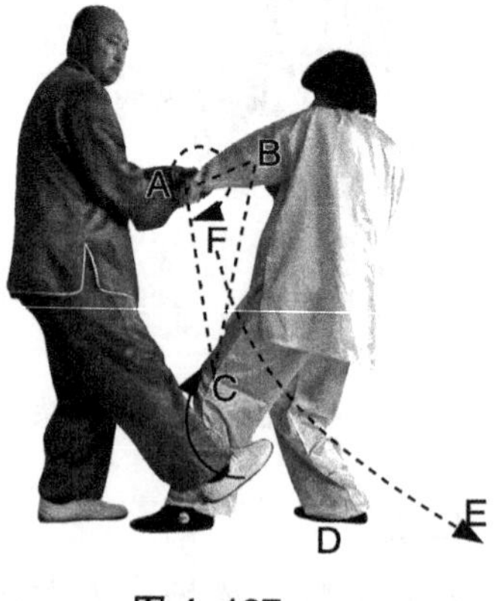

图 4–107

动作二：甲右脚收回下踩乙左膝下部；同时左手外缠扣住乙左手腕，右掌顺式切击乙左肘部，上下合劲，将乙擒拿（图 4–108）。

图 4–108

口诀

抱缠横扫不好防，一招二转切踩步。明缠藏膝破敌身，倒打连环活化巧。

要求

甲脚法变化要快，体现脚手合一，周身一家。是练“变招割”的腿法技术。

劲力分析

当图 4–107 时，甲左手旋缠乙 A（A 代表乙左手）（如图 A 的旋转箭头），右手滑动切乙 B（B 代表乙左肘）；ABC（C 代表乙左膝）为三个不相邻关节形成的斜面，通过牵动受力形成多个斜面的旋转，能控制乙整体关节的运动为复合力点（F），以乙右脚为重心支点（D），甲将乙身体的复合力向乙右脚下切踩的路线为离心力作用线（E）。

战术变化

如图 4–107 瞬间，战术一膝撞技：甲右脚收回，以右膝撞乙左大腿；同时左手抓住乙左手腕，右掌切击乙左肘，将乙撞倒擒拿。战术二落脚旋技：甲右脚在乙左脚外侧落实脚；同时左手抓住乙左手四指与右手反掌扣住乙左肘内，双手合劲向乙左脚后下旋，将乙旋摔倒。

第五式　城中破敌

动作一：甲上左脚、左手向前成左扶手桩；乙上左步，双手抓住甲左前臂

（图 4-109）。

动作二：甲微右转；同时右手由下向前从乙两臂中间插过，扣住乙右手腕（图 4-110）。

动作三：甲左肘下沉，身体右转；同时右手抱缠乙左手腕。随后左手掌反拿乙左手腕，身体左转；同时右手由下向右、向上合拿乙左手腕（图 4-111）。

动作四：甲左手扣住乙左手腕，右手掌切乙左肘部；同时右膝击打乙大腿，以破坏乙重心（图 4-112）。

动作五：甲右脚下落扣住乙左脚腕外侧；同时两手推切乙左臂，将乙擒拿（图 4-113）。

图 4-109

图 4-110

图 4-111

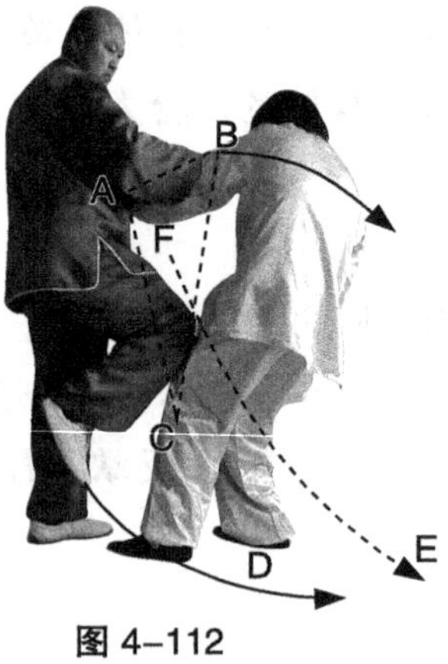

图 4-112

图 4-113

口诀

双臂如城城中破，扣腕切肘霸王难。顺式膝撞出神奇，招中有招进身防。

要点

甲左右换手要巧，撞膝切肘要上下一致。是练“进身割”破双手抓的技术。

劲力分析

当图 4-112 时，B（B 代表乙左肘）为以 D（D 代表乙右脚）为圆心上的一点，向乙身后旋转 B 点（如图 B 点的弧形箭头），能通过推动破坏乙的重心；ABC（A 代表乙左手、C 代表乙左膝）为三个不相邻关节形成的斜面，通过推动受力形成多个斜面的旋转，能控制乙整体关节的运动为复合力点（F），以乙右脚为重心支点（D），甲将乙身体的复合力向乙右脚下推动的路线为离心力作用线（E）。

战术变化

如图 4-110 瞬间，战术一合肘膝技：甲左手扣住乙左手腕，同时以右肘内侧击打乙左肘外侧。随后右脚向乙左脚内侧上步；同时右手向前、向下搂住乙左膝向右侧搬动，身体左转下降，上下合劲将乙擒拿。战术二换式拿头技：甲左手扣住乙左手腕；同时右臂向下、向右、向上、向左以右臂内侧横截乙左肘外侧，随后上右步于乙左脚外侧，同时右手反掌以虎口扣住乙前额向乙身体后弧形按劲，将乙拿倒。

第六式　泰山压顶

动作一：甲上左步，双手上捧；乙速上左步，左手抓住甲右手臂，右手抓住甲左手臂。随后甲两臂合化乙双手臂；同时右掌搓开乙右臂（图 4-114）。

图 4-114

动作二：甲左手扣拿乙左手腕；同时右臂向右、向上、向内、向下旋转化劲。随后以右掌斩乙左肘；同时提起右膝以防反攻（图 4–115、图 4–116）。

动作三：在乙要解脱时，甲以右铲腿铲乙左胯部，擒拿乙方（图 4–117）。

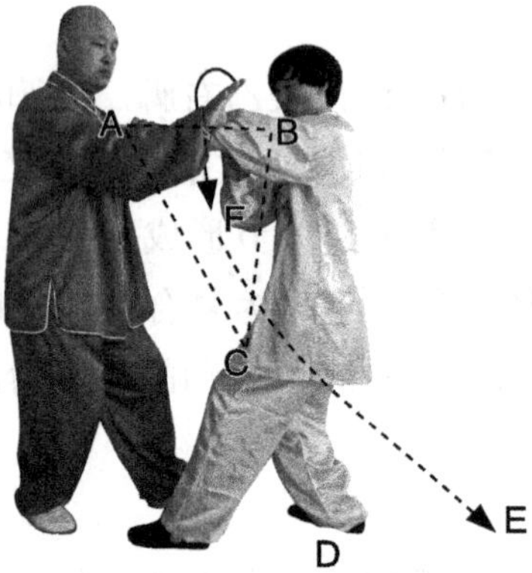

图 4–115

图 4–116

图 4–117

口诀

抓手控手眼看肩，泰山压肘招式连。移动重心要逃跑，斩切大腿稳在先。

要求

甲搓开乙右臂，要在稳的情况下用招式。是练“向下割”的斩切技术。

劲力分析

当图 4–115 时，甲以 A（A 代表乙左手腕）为点，右臂向内点旋加轴旋控制乙上肢（如图甲右手臂的弧形箭头）；ABC（B 代表乙左肘、C 代表乙左胯）为三个不相邻关节形成的斜面，通过推动受力形成多个斜面的旋转，能控制乙整体关节的运动为复合力点（F），以乙右脚为重心支点（D），甲将乙身体的复合力向乙右脚下推动的路线为离心力作用线（E）。

战术变化

如图 4–115 瞬间，战术一拨肘靠技：甲感到乙左手松时，速以右前臂外旋拨开乙左肘；同时调整左步，右脚向乙左脚外侧上步，以右肘顶击乙的左腋下，身体靠击乙身体，将乙撞倒。战术二换手技：甲右手下压乙左肘；同时左手从右手上扣住乙左上臂，接着右脚向乙左脚外侧上步，以右撩掌撩击乙左肋部。

第八级　抛字诀

抛字诀的理念

是由内向外抛东西的动作形成的拳式，分别练习滚动抛、困中抛、斜角抛、缠中抛、横向抛、抛中回等各种抛的动作技术。

具体要求

对练双方互行抱拳礼后，正确完成十字功“抛字”（图 3–39、图 3–40）动作。配合完成“抛字”变化的八个动作，就是墨家旋极术八级擒拿的表演水平。能掌握每招的力学分析，熟练每个动作的战术变化，巧妙地活学活用，是墨家旋极术八级擒拿的运用水平。

第一式　巨石翻滚

动作一：乙上右脚成右马步，以右直拳击打甲胸部时；甲进左步，同时右手由乙右拳外侧刁乙右手腕，左前臂截乙右肘部（图 4–118）。

动作二：甲以腰带动身体下沉；同时右手下卷，左前臂内旋下压，来控制乙方（图 4–119）。

动作三：甲重心前移变弓步；同时双臂合力向乙左脚后推击，将乙推倒擒拿（图 4–120）。

图 4-118

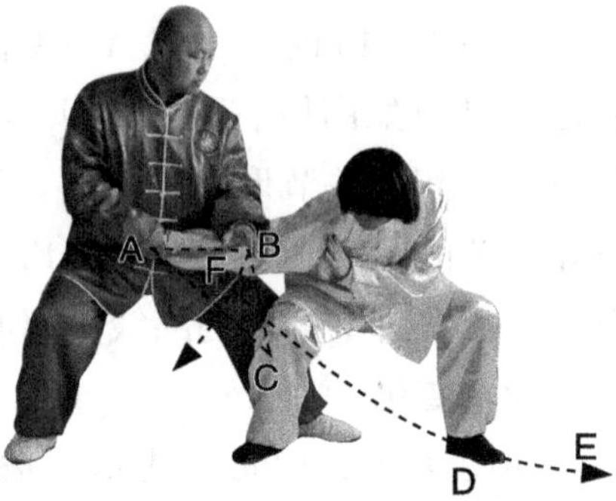

图 4-119

图 4-120

口诀

刁截接手意志专，合劲压臂巨石翻。周身气血向下沉，推动重心滚连环。

要求

甲左前臂内旋下压时，同时以左拳变掌引导甲的劲力下沉。是练“滚中抛”刁截压推的技术。

劲力分析

当图 4-119 时，甲以 A（A 代表乙右手）为支点，左前臂压 B（B 代表乙右肘）为力点（如图 B 点的用力箭头）；ABC（C 代表乙右膝）为三个不相邻关节形成的斜面，通过向下、向前、向下推乙受力形成多个斜面的旋转，能控制乙整体关节的运动为复合力点（F），以乙左脚为重心支点（D），甲将乙身体的复合力点向乙左脚后方推动的路线为离心力作用线（E）。

战术变化

如图 4-118 瞬间，战术一贴腿按技：甲左脚向左上半步，右脚向乙右脚外侧上步；同时右手从乙右臂下向上挂开乙外肱骨，重心下降，随后左掌拍按控制乙右臂外侧，右掌向下推按乙的右大腿内侧，将乙擒拿。战术二勾挂技：甲以左脚勾踢乙的右脚跟外侧；同时右手抓住乙右手腕，左拳变勾手勾乙右肘内侧，双手向左，左脚向右，上下合劲将乙摔倒。

第二式　十字锁臂

动作一：乙上右步，以右直拳打甲面部时；甲上右步，双手从乙右拳外侧向内、向下化解乙右直拳（图 4-121）。

动作二：乙随后以左直拳击打甲面部时，甲双手向下从乙左直拳外侧接按乙左直拳（图 4-122）。

图 4-121

图 4-122

动作三：乙顺势又以右直拳打甲的面部时，甲左手扣住乙左手腕向下，右手从乙右手腕外侧扣住乙右腕（图 4-123）。

动作四：甲重心前移，左脚向乙裆内插脚；同时甲右手向自己右腹前带乙右手腕，左手扣住乙左手腕由外向乙右肘部推乙左臂，将乙困住（图 4-124）。

动作五：甲重心前移，双手扣住乙不变，身体下压前推；同时右脚上步将乙锁住，擒拿乙方（图 4-125、图 4-126）。

图 4-123

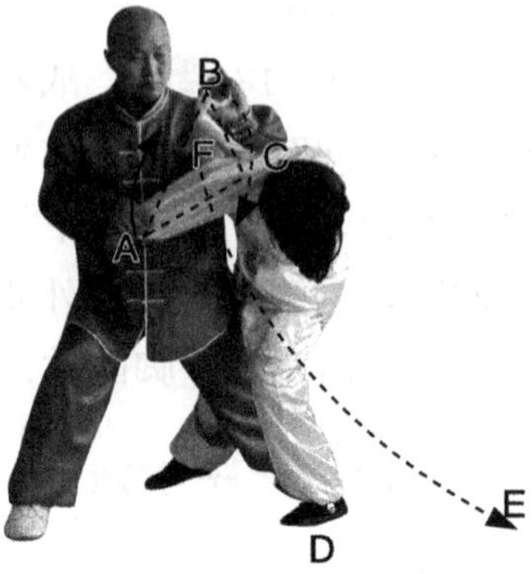

图 4-124

图 4-125

图 4-126

口诀

破敌连环外接拳，上下十字锁臂缠。两手合住抛用劲，积极防守控制先。

要求

甲换手要准、快，困乙手臂下压要协调一致。是练“困中抛”，以十字扣住对方身体向外抛的动作技术。

劲力分析

当图 4-124 时，甲以 AB（A 代表乙右手、B 代表乙左手）两点绕 C（C 代表乙左右两肘连接点）旋转（如图 AB 两点旋转的弧形箭头），能形成十字劲来破坏乙的平衡；ABC 为三个不相邻关节形成的斜面，通过受力形成多个斜面的旋转，能控制乙整体关节的运动为复合力点（F），以乙左脚为重心支点（D），甲将乙身体的复合力点抛向乙左脚后侧的路线为离心力作用线（E）。

战术变化

如图 4–123 瞬间，战术一进步靠技：甲松右手，以左手扣乙左腕向自己左下带；同时右脚向乙右脚外侧上步，以身体左转将乙靠倒。战术二扣切技：甲松右手，以左手扣乙左腕向自己左下带；同时左脚向前扣住乙右脚外侧，以右掌切击乙左肋部，将乙切摔倒。

第三式 托天插地

动作一：乙上右步，以右直拳击打甲头部时；甲上左步，左手由内向外扣抓乙右腕内侧，同时右手腕由下向上挑乙右肘外侧（图 4–127）。

动作二：甲右脚跟半步；同时双手上托乙右臂。随后双手合力向下采乙右前臂，接着向乙近身，双手向乙身后旋乙右前臂，将乙擒拿（图 4–128—图 4–130）。

图 4–127

图 4–128

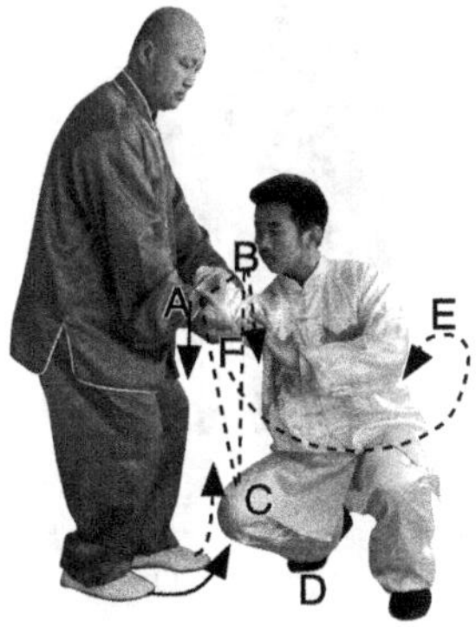

图 4–129

图 4–130

口诀

双手合臂托天挂，进身随式向下插。上下转换分乾坤，合中求拿松沉发。

要求

甲下采要合臂，上下要协调一致，旋身要快。是练“斜角抛”向对方身体一侧抛发的技术。

劲力分析

当图 4–129 时，甲以 AB（A 代表乙右肘、B 代表乙右手）两点同时向下（如图 AB 两点的箭头）控制乙右脚的灵活度；ABC（C 代表乙右膝）为三个不相邻关节形成的斜面，通过受力形成多个斜面的旋转，能控制乙整体关节的运动为复合力点（F），以乙右脚为重心支点（D），甲将乙身体的复合力点向乙右脚后方旋转抛出的路线为离心力作用线（E）。

战术变化

如图 4–127 瞬间，战术一搂脖技：甲松左手，右手向乙左肩不挂乙右肘；同时右脚向乙右脚后上步，右手向乙身后搂乙脖子，将乙摔倒。战术二进步靠：甲松右手，左手下采；同时进右步，以右肩靠乙前胸，将乙靠倒。

第四式　缠丝切腕

动作一：乙上右步，以双掌推甲右臂外侧时；甲上左步，左手配合，右臂螺旋滚化乙双掌推劲（图 4–131）。

动作二：乙顺式右手抓住甲右手腕，甲进右步，同时左手按住乙右手四指，缠腕压肘控制乙，向乙身后抛乙，将乙抛倒擒拿（图 4–132）。

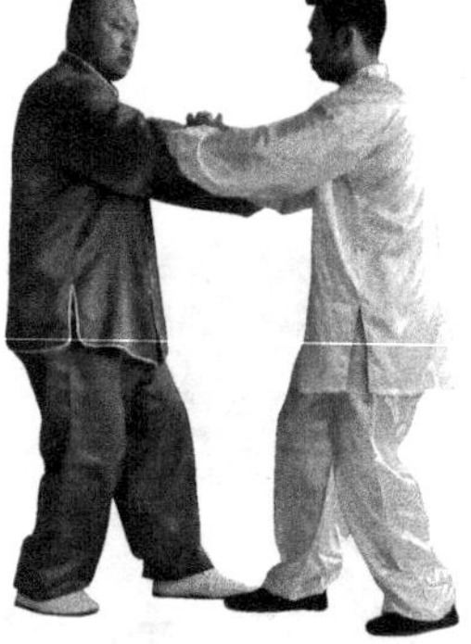

图 4–131

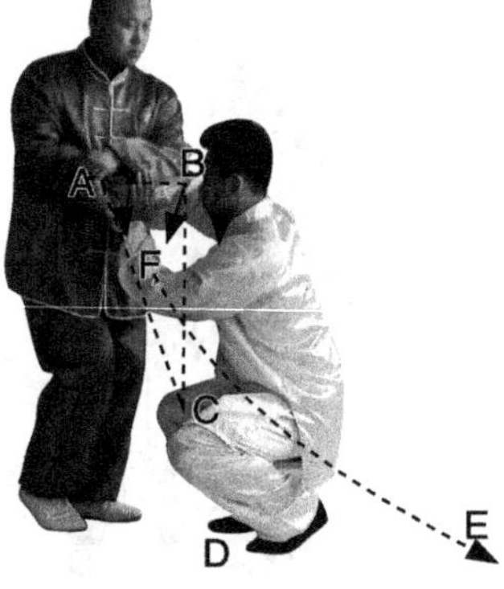

图 4–132

口诀

滚动化推顺式抓，翻手缠腕手肘对。按指旋腕探中心，切腕盘根暗脚攻。

要求

甲通过化推缠压腕动作的练习，是练“缠中抛”的“缠”与“抛”结合的技术。

劲力分析

当图 4–132 时，甲左手扣住乙右手四指，右掌缠切乙 A（A 代表乙右手腕），右肘压乙 B（B 代表乙右肘）（如图 A、B 两点的箭头）；ABC（C 代表乙右膝）为三个不相邻关节形成的斜面，通过受力形成多个斜面的旋转，能控制乙整体关节的运动为复合力点（F），以乙右脚为重心支点（D），甲将乙身体的复合力点向乙右脚外侧抛的路线为离心力作用线（E）。

战术变化

如图 4–132 瞬间，战术一卷四指技：若乙右手松开，甲速左手向前下扣住乙右手腕，同时右手腕顺势将乙右手四指向乙右前臂翻卷，以卷乙右手四指来控制乙全身，将乙擒拿。战术二合手打技：乙右手松开，甲进右步，双手合劲向乙前胸按掌击打，将乙打倒擒拿，是“逢丢必打”的技术之一。

第五式　横扫千军

动作一：乙上左步以左掌推甲面部时；甲向乙左脚后上右步，同时左手向上、向内刁扣乙左手腕外侧向下带，右肘内侧挎别乙左肘内外侧，左右臂合靠乙（图 4–133）。

图 4–133

动作二：乙屈臂解化甲双臂，以左摆腿摆击甲腹部时，甲顺势左手向下、向上、向内搂乙左腿，同时右脚向前上步扣住乙右后脚跟，右臂横拨乙胸部，向乙身后横抛乙，将乙抛倒擒拿（图 4-134）。

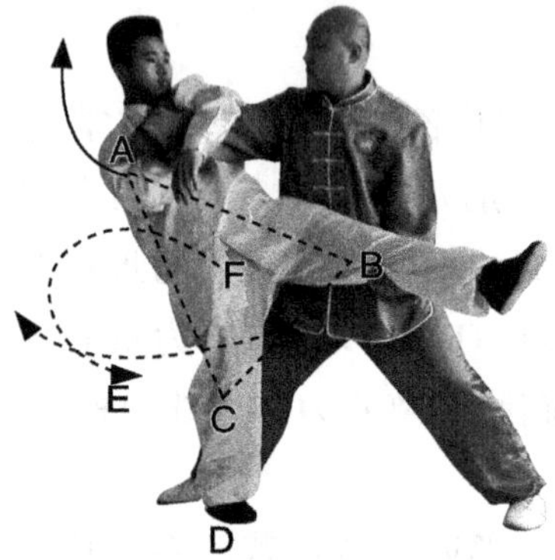

图 4-134

口诀

横破直来胯肘招，搂腿横拨进身找。千军之力在变化，巧中用绳困中扫。

要求

甲左手搂乙左腿与右脚扣乙右脚跟和右手臂横拨要协调一致。是练“横向抛”的上下合击技术。

劲力分析

当图 4-134 时，甲以 AB（A 代表乙前胸、B 代表乙左膝部）两点绕 C（C 代表乙右膝）旋转（如图 AB 两点的弧形箭头）；ABC 为三个不相邻关节形成的三角形斜面，通过受力形成多个斜面的旋转，能控制乙整体关节的运动为复合力点（F），以乙右脚为支点（D），甲将乙的复合力点旋转向乙身后抛放路线为离心力作用线（E）。

战术变化

如图 4-134 瞬间，战术一下切技：甲双手松开，重心下降，在乙调整平衡时，甲以右掌向下切击乙左腰间，将乙切倒。战术二提膝技：甲重心前移，同时以左膝上提顶住乙左大腿内侧，上下配合，将乙摔倒。

第六式 螳螂回手

动作一：乙上左步以左掌推击甲面部时；甲向乙左脚外上右步，同时左手由下向上、向内抓住乙左手腕外侧，右上臂折乙左肘，顺势右掌插掌横拨乙胸部（图 4–135）。

动作二：乙右手推甲右手臂化解甲时；甲右脚收回向乙前弧形插脚，同时右手回抱乙左手四指，身体右转，调整步法，向甲右脚回抛发放，将乙擒拿（图 4–136）。

图 4–135

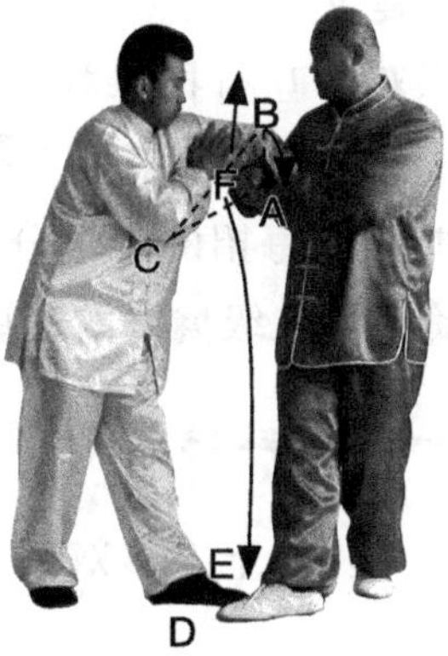

图 4–136

口诀

螳螂回手缠腕肘，化打结合步巧灵。擒贼擒王拿梢节，索绳抱在合中求。

要求

甲右手扣乙四指与右肘内侧靠紧乙左肘外侧和身体下降要同时，步法清晰，以步法带动手法。是练“抛中回”上下变化的动作。

劲力分析

当图 4–136 时，甲以 AB（A 代表乙左手四指、B 代表乙左肘）两点内扣旋转，身体下降（如图 AB 两点旋转的弧形箭头）来控制乙；ABC（C 代表乙右肘）为三个不相邻关节形成的斜面，通过向下受力形成多个斜面的旋转，能控制乙整体关节的运动为复合力点（F），以乙左脚为重心支点（D），甲将乙身体的复合力点向甲右脚旋转回抛路线为向心力作用线（E）。

战术变化

如图 4–136 瞬间，战术一肘拐技：甲两脚以脚尖为轴，右旋；同时右松手以右肘内侧拐击乙左肘外侧，将乙擒拿。战术二上下打技：甲松右手，右手下撩乙腹部；同时右脚抬起截击乙左膝部，上下连环将乙控制。

第九级　靠字诀

靠字诀的理念

是近身灵活运用大关节撞的意思。分别练习进身旋靠、合臂下靠、侧身走靠、迎面正靠、上下连靠、困中盘靠等用招技术。

具体要求

对练双方互行抱拳礼后，正确完成十字功“靠字”（图 3–41—图 3–43）的动作。配合完成“靠字”变化的六个动作，就是墨家旋极术九级擒拿的表演水平。能掌握每招的力学分析，熟练每个动作的战术变化，巧妙地活学活用，是墨家旋极术九级擒拿的运用水平。

第一式　斗转星移

动作一：甲上左步双手上抬时；乙速上左步，双手异侧抓住甲双手腕（图 4–137）。

动作二：甲右转身；同时左右手向右翘化乙双手抓腕之劲，随后左手扣住乙左肘内外侧（图 4–138）。

图 4–137

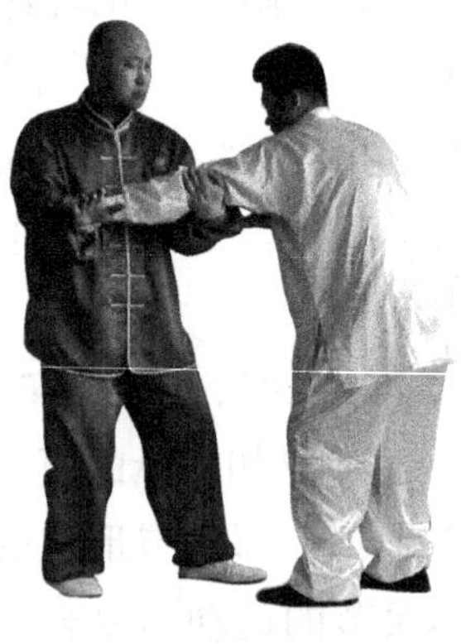

图 4–138

动作三：乙右手推甲左手腕化解时，甲顺势左手反拿乙右手，右手托乙右肘内外侧，双手合劲反拿乙右臂（图 4-139）。

动作四：甲向乙右脚外侧上左步跟右步，随后右脚向乙身前上步；同时双臂以乙右肩为圆心向乙左脚外侧旋转靠，将乙擒拿（图 4-140、图 4-141）。

图 4-139

图 4-140

图 4-141

口诀

擒臂换手斗转移，招变身转随步填。进身靠住意专连，内收外走藏膝变。

要求

甲换手要巧，用招要随乙重心的变化而变化，以控制乙为主。是练“进身旋靠”的左右旋臂擒拿技术。

劲力分析

当图 4–140 时，甲以 A（A 代表乙右肩）为圆心，B（B 代表乙右手）为圆上的一点，甲以 B 向前、向下旋转控制乙右臂（如图 B 点的弧形箭头）；ABC（C 代表乙左胯）为三个不相邻关节形成的斜面，通过推动受力形成多个斜面的旋转，能控制乙整体关节的运动为复合力点（F），以乙左脚为重心支点（D），甲将乙身体的复合力点向乙左脚外侧推动的路线为离心力作用线（E）。

战术变化

如图 4–139 瞬间，战术一肘膝合靠技：甲左脚向乙右脚外侧上步；同时右手松手，左手向乙右脚后外侧下采乙右手。随后速以右肘击打乙胸部；同时以右膝撞靠乙右大腿内侧，将乙击倒擒拿乙。战术二肘颈旋摔技：甲右手顺势向右搂乙右肘部；同时左手腾出由乙身体后搂住乙左颈部，身体下降左旋身，撤左步，将乙摔倒。

第二式　童子插香

动作一：乙上左脚，左反掌击打甲面部时；甲上右脚于乙左脚外侧，同时左手由上向下刁开乙反左掌，右掌横击乙前胸部（图 4–142）。

动作二：乙右臂化解甲横劲时，甲重心后移，右脚弧形向乙前上步，同时右臂内侧折乙左肘外侧，身体向下合劲（图 4–143）。

图 4–142

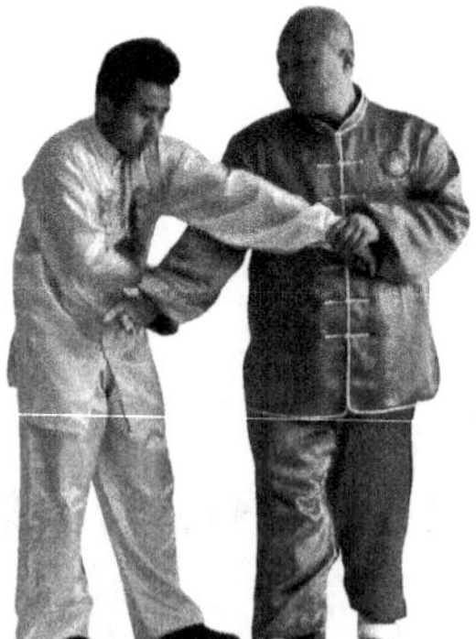

图 4–143

动作三：乙屈臂化解甲折劲时，甲左脚向前跟步，同时左手滑扣乙左手指，右手收回采抱缠乙左手腕，身体下降，以右肩向下靠击乙左肩，将乙擒拿（图4–144）。

图 4–144

口诀

童子弧步拱手拜，折肘动作意撩胸。采抱合字巧擒指，松沉下按如插香。

要求

甲以身体带动右手臂折乙左肘，动作要协调连贯，用劲要巧。是练“合臂下靠”折肘采抱手指的擒拿技术。

劲力分析

当图 4–144 时，甲以 A（A 代表乙左手指）向 B（B 代表乙左手腕）缠，B 向 A 扣，甲控制 AB 向身体内下抱（如图 A、B 两点的弧形箭头）；ABC（C 代表乙左胯）为三个不相邻关节形成的斜面，通过抱扣受力形成多个斜面的旋转，能控制乙整体关节的运动为复合力点（F），以乙左脚为重心支点（D），甲将乙身体的复合力点向自己左脚外侧发劲的路线为向心力作用线（E），以右肩向下靠击乙左肩，将乙擒拿。

战术变化

如图 4–143 瞬间，战术一中心拳技：甲左手松开乙左手腕，右手臂向上拨开乙左臂；同时左脚向右脚前上一步成扣步。随后甲右脚向乙中心上半步，左手上托乙右肘；同时右拳击打乙右肋部。战术二降式截臂技：甲右脚提起以防乙反攻，同时右臂抽回。随后借助身体下降之势，左手下采乙左手腕，右前臂下截乙左肘部；同时右脚崩蹬乙左脚内侧，将乙擒拿。

第三式　潜龙入海

动作一：乙上右脚，以右直拳击打甲面部时；甲调整步法，左脚在前，同时右手由外向内刁化乙右手，牵动乙重心，左手藏于腹前（图 4–145）。

动作二：甲右手扣住乙右手不动；同时进左步以左撩掌撩击乙右肋（图 4–146）。

动作三：乙后撤身体化解时，甲右手不变，左前臂内翻截击乙右肘外部（图 4–147）。

动作四：甲顺势左手向乙右前臂滑动，抓住乙右前臂；同时右手反扣住乙后颈部（图 4–148）。

图 4–145

图 4–146

图 4–147

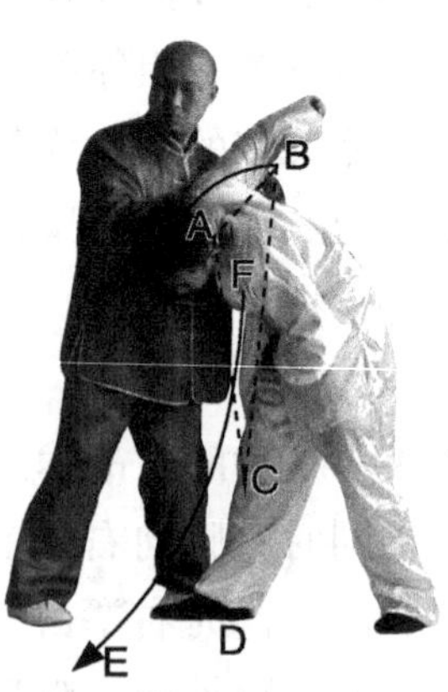

图 4–148

动作五：甲双手臂合劲弧形向自己右脚外翻乙右臂；同时以身体向乙侧前靠，将乙擒拿（图 4–149）。

图 4–149

口诀

潜龙入海下撩击，回手截肘情不留。粘住中把翻上颈，双手合拿制敌成。

要求

甲旋转翻臂要整，以腰为轴，动作连贯，要快，要准。是练“侧身走靠”的撩掌翻拿技术。

劲力分析

当图 4–148 时，甲以 A（A 代表乙后颈部）B（B 代表乙右肘）为旋转点，以 C（C 代表乙右膝）为圆点向下旋转（如图 A、B 点的弧形箭头）；ABC 为三个不相邻关节形成的斜面，通过旋转推动受力形成多个斜面的旋转，能控制乙整体关节的运动为复合力点（F），以乙右脚为重心支点（D），甲将乙身体的复合力点向自己右脚外侧推动的路线为向心力作用线（E）。

战术变化

如图 4–146 瞬间，战术一推托掌技：甲左手上托乙右肘，右肘顶住乙右前胸部；同时进左步顺势右掌向下推托乙腹部，将乙打倒。战术二旋颈技：甲左脚上步，右脚跟步；同时左手向上由后扣住乙的左颈部，右手向乙左肩推乙右臂。随后，甲双手内收配合，身体下降，左脚向后撤一步；同时双臂向左脚外侧旋转乙身体，将乙旋擒拿。

第四式　太子登殿

动作一：乙上右脚，以右直拳击打甲面部时；甲上左步，同时以右手向外、向内刁化乙右拳，左前臂截击乙右肘部（图 4–150）。

动作二：甲左手顺式向乙右后臂滑动，扣住其右上臂；同时右手反扣住乙后颈部（图 4–151）。

动作三：甲双手旋扣乙右臂与后颈部；同时提右膝击打乙胸部。随后右脚上步，身体迎面靠，将乙靠倒擒拿（图 4–152）。

图 4–150

图 4–151

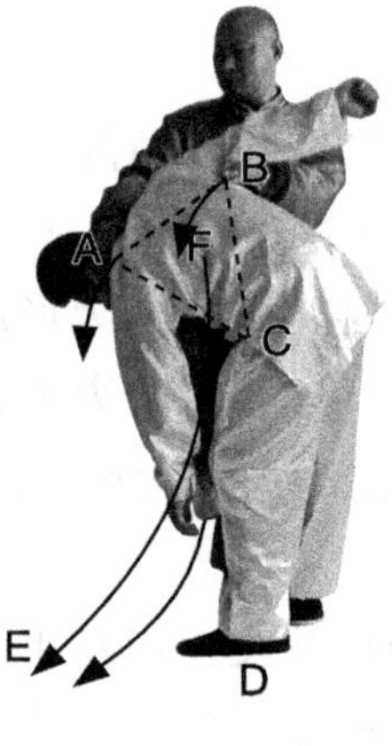

图 4–152

口诀

防拳换手翻花上，提膝上步如钟撞。太子登殿心态稳，远手近肘膝藏强。

要求

甲膝撞与翻臂动作要协调一致。是练“迎面正靠”翻花膝撞的擒拿技术。

劲力分析

当图 4–152 时，甲以 A（A 代表乙后颈部）B（B 代表乙右上臂）为旋转点，以 C（C 代表乙前腹部）为圆点向下旋转（如图 A、B 点的弧形箭头）；ABC 为三个不相邻关节形成的斜面，通过旋转推动受力形成多个斜面的旋转，能控制乙整体关节的运动为复合力点（F），以乙左脚为重心支点（D），甲将乙身体的复合力点向自己右脚上步推动的路线为向心力作用线（E）。

战术变化

如图 4–152 瞬间，战术一旋推技：甲重心后移，右脚向后撤一步；同时双手扣住乙后颈部与右上臂，向甲右脚落脚的方向旋推乙身体，将乙推倒。战术二插臂旋摔技：甲用招失败时，速变招，顺势左手向乙右腋下插掌；同时右肘向乙右颈侧部上顶，左右手臂合劲，随后右脚后撤一步，身体右转，右手扣住乙后颈部与左上臂合劲，向自己右脚落脚的方向旋摔乙身体，将乙旋摔倒。

第五式　推山踏水

动作一：乙上右步，以左正蹬腿蹬甲腹部时；甲上右脚以右手向下、向后搂开乙左蹬腿（图 4–153）。

图 4–153

动作二：甲重心前移；同时以左膝与左掌攻击乙中线。当乙左手在甲左手外侧，推化甲左掌，随后甲顺势以左点脚点击乙右膝部，右掌外旋翻手向上搬乙左脚，上下连环，甲左掌、左脚、右手同时发进攻，将乙摔倒，擒拿乙（图 4–154、图 4–155）。

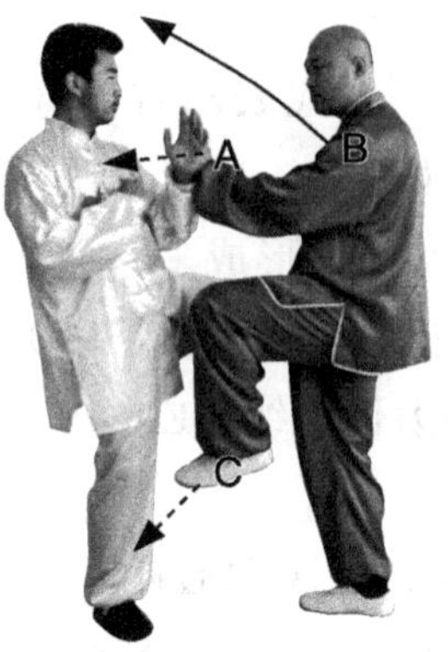

图 4–154

图 4–155

口诀

防腿进步敌慌心，上推下点攻其身。暗藏膝法与肘法，提膝撞裆托腮掌。

要求

甲右手搂乙左脚要向后引，与左掌推掌一致，以下点脚破坏乙重心为主。是练“上下连靠”的上推下点技术。

劲力分析

当图 4–154 时，甲体现“整体化一”的妙用，将身体的整体劲（靠的理念）运用到“三劲合一”的攻击动作中去，是三角形斜面发放原理的典型动作（如图 A 为甲左手、B 为甲右手、C 为乙左脚）。

战术变化

如图 4–153 瞬间，战术一顺腿技：甲右脚后撤一步；同时右手外旋翻手扣住乙左脚腕，右掌按在乙左膝外侧，上下合劲将乙摔拿倒，擒拿乙。战术二扣脚摔技：甲松右手，调整右脚；同时双掌向前、向右横掌封打乙双肘。随后右脚向乙右脚跟上步；同时双掌下按乙双胯部，上下合劲，将乙擒拿。

第六式　青蛇缠身

动作一：乙上右步，以右直拳击打甲胸部时；甲上右步，以右手由外向内刁手化开乙右直拳击打方向（图 4–156）。

动作二：甲重心后移，右手顺势下刁乙右手腕；同时右脚抬起，以右截腿截击乙右膝部（图 4–157）。

图 4-156

图 4-157

动作三：甲右脚前落地；同时顺势左手控制乙右肘部。随后甲左脚向乙右脚外侧上步；同时右手向前、向下扣乙右手腕，左手扣住乙右肘部，双手形成合拿力，以控制乙方（图 4-158、图 4-159）。

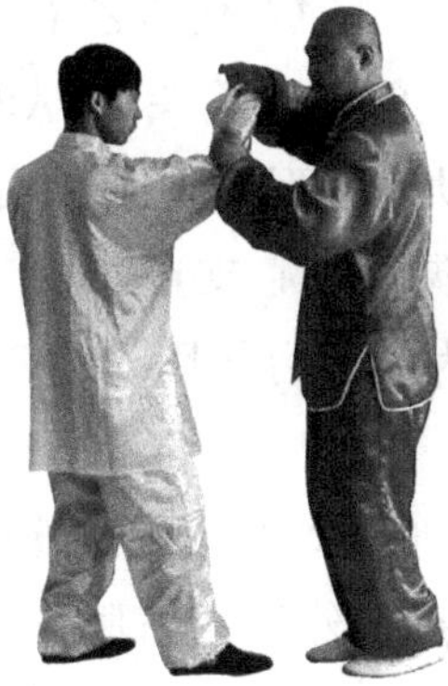

图 4-158

图 4-159

动作四：甲顺势左手微抬乙右肘；同时右手扣乙右手腕向乙右肩推动。随后甲顺势向乙身后进右步，双手合旋劲将乙旋摔在地，将乙擒拿（图 4-160、图 4-161）。

图 4–160

图 4–161

口诀

上刁下截人难防，双手变扣旋中藏。青蛇缠身合下降，内含小扣跌法强。

要求

甲刁扣要准，上步要巧，扣手下降合劲要以腰带动身体旋转。是练“困中盘靠”的刁扣旋法技术。

劲力分析

当图 4–159 时，甲以 B（B 代表乙右肘）为圆心，A（A 代表乙右手）为圆上的一点，A 向前、向下旋转控制乙右臂（如图 A 点的弧形箭头）；ABC（C 代表乙右胯）为三个不相邻关节形成的斜面，通过推动受力形成多个斜面的旋转，能控制乙整体关节的运动为复合力点（F），以乙左脚为重心支点（D），甲将乙身体的复合力点向自己右脚前进的方向推动的路线为向心力作用线（E）。

战术变化

如图 4–159 瞬间，战术一扣旋膝拨技：甲右膝向前靠住乙右膝外侧；同时双手前推乙右臂。随后双手向下扣旋乙右臂；同时右膝外拨乙右膝，将乙摔倒擒拿。战术二抓背合摔技：甲右手松开乙右手；同时左手上托乙右肘，随后右直拳击打乙右肋部。紧随着甲上右脚勾住乙右脚内侧；同时右手顺式抓住乙后背，双手合劲与右脚成剪刀劲将乙摔倒擒拿。

第十级　折字诀

折字诀的理念

能体现每个动作都是一个拿法，体现“大招小招、招中有招”等“折字诀”

的特点，也是练折劲的意思。分别练习外折、换手折、外盘折、内外折、内盘折、内合折、外合折等用招技术。

具体要求

对练双方互行抱拳礼后，正确完成十字功“折字”（图 3-44—图 3-46）的动作。配合完成“折字诀”变化的七个动作，就是墨家旋极术十级擒拿的表演水平。能掌握每招的力学分析，熟练每个动作的战术变化，巧妙地活学活用，是墨家旋极术十级擒拿的运用水平。

第一式 打中求拿

动作一：乙上左脚，以左直拳击打甲胸部；甲上右脚，顺势左手由外向内刁化乙左直拳，同时右拳顺乙左臂下击打乙左腋部（图 4-162）。

动作二：乙沉身下化时，甲顺势右手滑至乙左肘部，同时左右手形成合拧劲，以控制乙方（图 4-163）。

图 4-162

图 4-163

动作三：乙沉肘时，甲顺势左手刁住乙左手腕，同时右手按压乙左肘内上侧（图 4-164）。

动作四：乙欲以右拳击打甲时，甲顺势双手合住乙左臂，向乙左肩部探劲，同时左脚抬起截击乙左膝部，以控制乙方（图 4-165）。

动作五：乙左脚后撤松化，甲顺势松右手，同时左脚落地，右脚向乙左侧上步，随后左右手合拿乙左手腕，身体右转形成合劲，顺势以左肘击打乙头部，将乙打倒擒拿（图 4-166）。

图 4-164

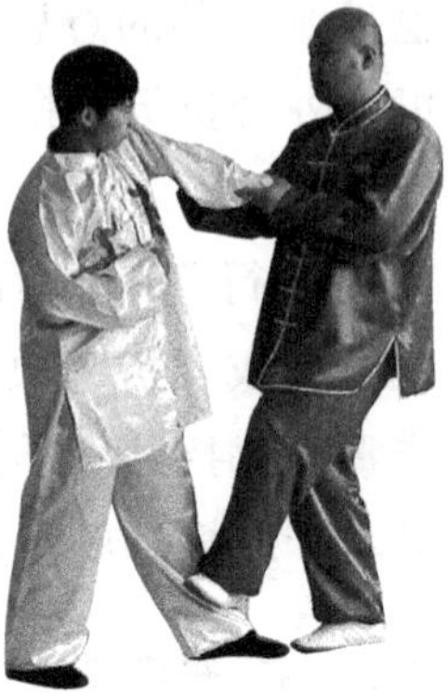

图 4-165

图 4-166

口诀

防中有攻打化生，拧压探帮双手合。内含脚踩折无情，拿打结合八法通。

要求

甲通过打、拧、探、拿等单式擒拿动作组合，练“外折”的方法。

劲力分析

当图 4-166 时，甲双手控制乙左手，向下弧形绕 A（A 代表乙左手腕）旋转合拿乙（如图绕 A 的弧形箭头）；同时以左肘弧形向下击打 B（B 代表乙头部右侧），能破坏乙的重心。ABC（C 代表乙左肩）为三个不相邻关节形成的斜面，通过双手合扣劲与右肘击打劲法结合产生的合力形成多个斜面的旋转，能控制乙整体关节的运动为复合力点（F），以乙左脚为重心支点（D），甲将乙身体的复合力点向乙左脚外侧推动的路线为离心力作用线（E）。

战术变化

如图 4–164 瞬间，战术一后撤下采技：甲左脚后撤一步，右脚后跟一步；同时松右手向后与左手合劲，身体放松，双手向下采，将乙采倒擒拿。战术二合打技：甲松左手，右手向上托乙左肘。随后甲右脚向前上一步，左脚跟步，同时右手向左横拨乙左肘，左手以掌心向乙前胸向后横拍打，将乙打倒。

第二式　金龙盘柱

动作一：乙上右脚以双手异侧推甲上臂时；甲上右步，双臂内收外捧以化推式，以身体感知乙方变化（图 4–167）。

动作二：甲重心后坐；同时腾出右臂，向下、向内以右前臂弧形按压乙右肘内侧（图 4–168）。

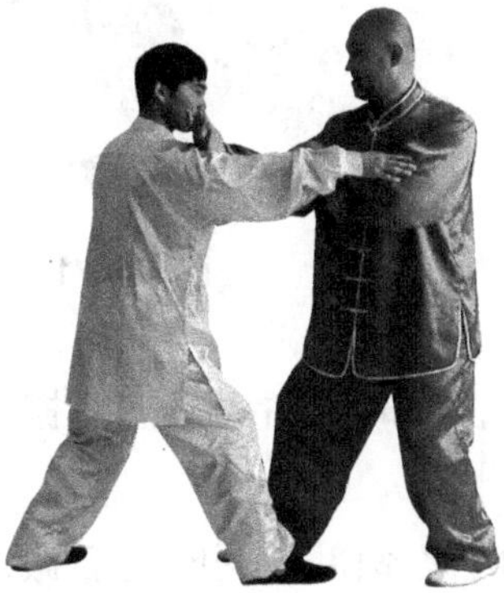

图 4–167

图 4–168

动作三：当乙右臂上捧时，甲顺势以左臂外旋臂，向下、向左、向右、向上别拿乙右前臂（图 4–169）。

动作四：当乙右臂松沉前捧化，以左手下按甲左手腕内侧助力；甲顺势左转，以右前臂挎住乙双手交叉，以困手上抗住乙右肘部（图 4–170）。

动作五：当乙松沉化抗劲时，甲顺势左手抓住乙左手腕，同时右手臂下折乙左肘部（图 4–171）。

图 4-169

图 4-170

图 4-171

动作六：甲感到乙要逃脱时，速进右脚半步，同时以右手掌向后搬乙额头部（图 4-172）。

动作七：当乙头部顶化时，甲速右手下转劲于乙颈部，同时向后搬乙颈部将乙擒拿（图 4-173）。

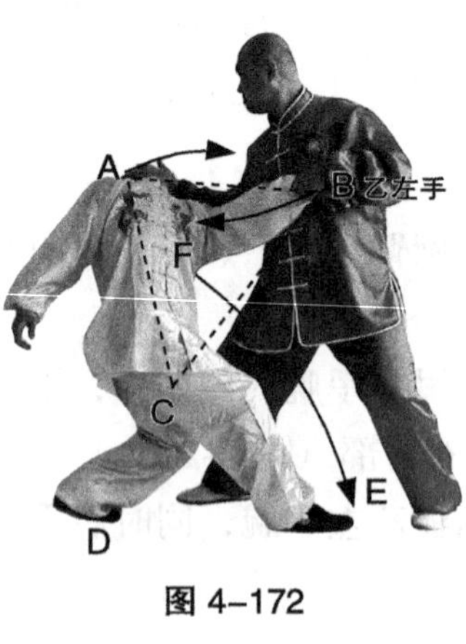

图 4-172

图 4-173

口诀

金龙盘柱按别抗，招中含折招中强。龙翻搬动千斤柱，旋中出招斜面行。

要求

甲通过按、别、抗、折、搬等单式擒拿动作组合，练“换手折”的方法。

劲力分析

当图 4–172 时，甲以 AB（A 代表乙头部、B 代表乙左手）两点相互旋转（如图 AB 两点旋转的弧形箭头）来破坏乙的平衡；ABC（C 代表乙右胯）为三个不相邻关节形成的斜面，通过受力形成多个斜面的旋转，能控制乙整体关节的运动为复合力点（F），以乙左脚为重心支点（D），甲将乙身体的复合力点向自己右脚外侧向内旋转的路线为向心力作用线（E）。

战术变化

如图 4–170 瞬间，战术一沉肘技：甲右脚向乙裆内进步；同时右肘向乙胸前沉肘下击，身体左旋转将乙打出。战术二旋摔技：甲右脚向乙裆内上步；同时左手松开向下外旋，扣住乙右膝内侧上抬，右手上翻，控制乙后背，身体右旋转，上下合劲将乙摔倒。

第三式　狮子张口

动作一：乙上右脚，以右掌击打甲胸部；甲上右脚，同时以双掌上下合劲将乙右臂挣拿扣住，右手扣乙肘在下，左手按在乙手腕上，随后甲顺势双手盘旋乙右前臂，以控制乙方（图 4–174、图 4–175）。

图 4–174

图 4–175

动作二：当乙欲解脱时，甲右前臂向乙头部抉劲，以控制乙方。随后甲顺势抓住乙后领襟，向甲左脚方向捋带，将乙擒摔倒（图 4–176—图 4–178）。

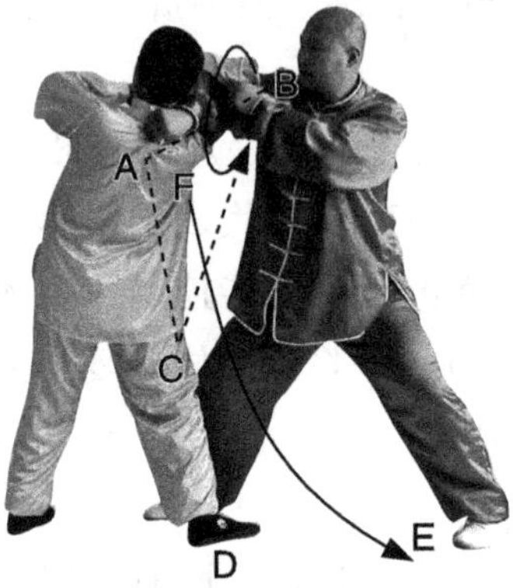

图 4–176

图 4–177

图 4–178

口诀

狮子张口扣在先，挣盘带动身随行。抉动换把人不知，找根合整上下通。

要求

甲通过挣、盘、抉、带等单式擒拿动作组合，练“外盘折”的方法。

劲力分析

当图 4–176 时，甲以 AB（A 代表乙后领襟、B 代表乙右手）的连线为圆的空轴，绕 AB 向上旋转乙右肘，能控制乙上肢（如图右肘的弧形箭头表示空轴的旋转）；ABC（C 代表乙右胯）为三个不相邻关节形成的斜面，通过受力形成多个斜面的旋转，能控制乙整体关节的运动为复合力点（F），以乙右脚为重心支点（D），甲将乙身体的复合力点向自己左脚外侧向内旋转的路线为向心力作用线（E）。

战术变化

如图 4–177 瞬间，战术一抓头发技：甲左手向上抓住乙头发；同时双手合劲向乙身后牵动，将乙摔倒。战术二扣肘技：甲右手松开向下、向右、向上、向乙右肘内侧回扣乙右肘；同时双手合劲向乙身后旋转乙右臂，将乙摔倒。

第四式 穿手藏刀

动作一：甲右脚在前，乙向甲裆内上左脚，以双手推按甲左臂时；甲顺势左转，同时右手由下向前、向内抱乙左手，以缠法控制乙方（图 4–179、图 4–180）。

动作二：当乙左手松开时，甲速右手抱采乙左手指，同时身体微右转来控制乙方（图 4–181）。

动作三：若甲右手抱采失败，左手速旋抓住乙左手腕，右手掌切击乙左肘部外侧（图 4–182）。

图 4–179

图 4–180

图 4–181

图 4–182

动作四：当乙屈左肘化解时，甲右手与左手合住乙左上臂，向乙左肩部推动，速换劲，以右手斩击乙左肘部（图 4–183、图 4–184）。

动作五：当乙左臂滚动化解时，甲速以右前臂内旋滚动填挫乙左前臂，同时上左步，将乙擒拿（图 4–185）。

图 4–183

图 4–184

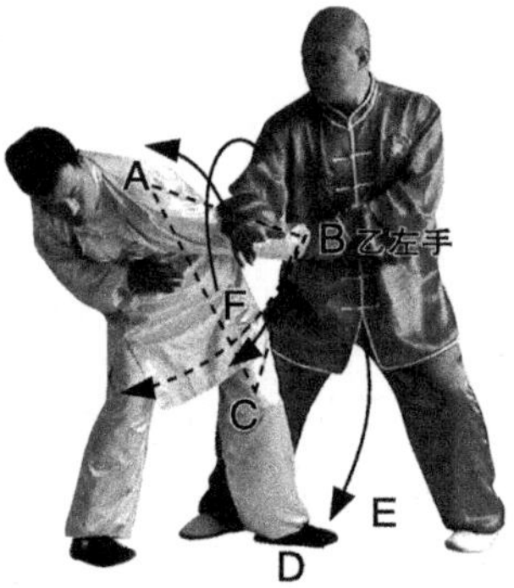

图 4–185

口诀

穿手藏刀招式巧，缠采动作小中藏。推斩破掉敌重心，任我挫拿按进守。

要求

甲通过缠、采、推、斩、挫等单式擒拿动作组合，练“内外折”的方法。

劲力分析

当图 4–185 时（分析战术一弧形后拉技的运用），B（B 代表乙左手）为以

A（A 代表乙左肩）为圆心的圆上的点，甲左手扣 B 向下划弧与甲右手扣住乙 A 同时旋转（如图 B 点弧形箭头），控制乙左臂；ABC（C 代表乙左膝）为三个不相邻关节形成的斜面，通过受力形成多个斜面的旋转，能控制乙整体关节的运动为复合力点（F），以乙左脚为重心支点（D），甲将乙身体的复合力点向甲身后右脚后侧向内旋转的路线为向心力作用线（E）。

战术变化

如图 4–185 瞬间，战术一弧形后拉技：甲左手扣住乙左手向前、向下、向乙右肩后方旋转乙左臂；同时右手扣住乙左肩向后、向下、向甲右脚后撤拉乙左肩，调整步法，身体下降，向左旋转身体，将乙摔倒。战术二跪膝合技：甲双手扣住乙左臂，身体下降；同时右膝由后扣住乙左脚腕，上下合体，将乙跪倒擒拿。

第五式　猿猴拳枝

动作一：乙上右脚，以右直拳击打甲头部时；甲上右步，速以左手掌由内向外旋架乙右拳，随后左手扣住乙右拳，同时以右臂挑乙右肘内侧（图 4–186、图 4–187）。

图 4–186

图 4–187

动作二：当乙后撤化解时，甲速双臂向乙头部顶劲。随后右臂向乙左颈部扣钻劲，身体右旋，同时左手挪推乙后腰部，双手配合以钻挪劲将乙擒拿，以控制乙方（图 4–188—图 4–190）。

图 4–188

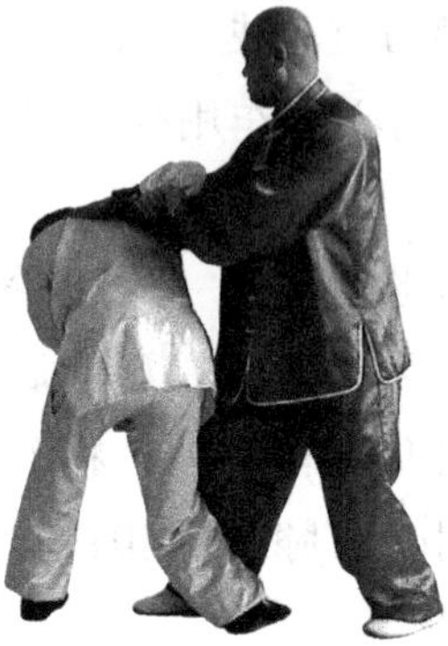

图 4–189

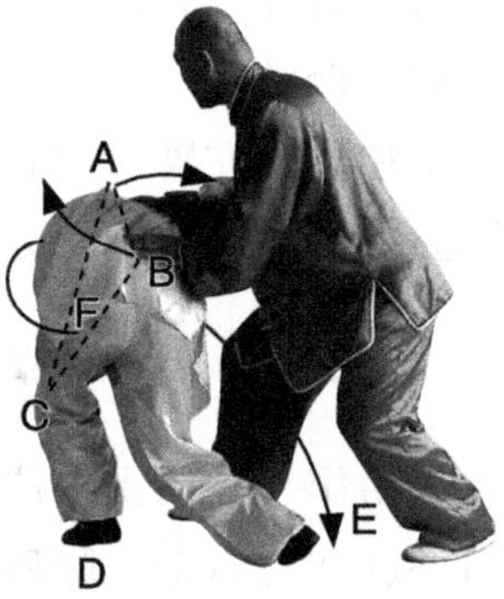

图 4–190

口诀

猿猴攀枝顺枝上，挑顶盘枝稳中藏。钻挪变化灵生巧，上下一体推拿强。

要求

甲通过挑、顶、钻、挪等单式擒拿动作组合，练“内盘折”的方法。

劲力分析

当图 4–190 时，甲以 AB（A 代表乙头部、B 代表乙右腰部）为圆上的两点，推动 AB 相互旋转（如图 AB 两点旋转的弧形箭头），能破坏乙的重心；ABC（C 代表乙左膝）为三个不相邻关节形成的斜面，通过受力形成多个斜面的旋转，能控制乙整体关节的运动为复合力点（F），以乙左脚为重心支点（D），甲将乙身体的复合力点向自己右脚外侧旋转向内的路线为向心力作用线（E）。

战术变化

如图 4–187 瞬间，战术一上挂下切技：甲右臂向上挂乙右臂，随后身体重心下降，同时向下切击乙右腰后侧，击败乙方。战术二换步肘击按掌：甲右脚后撤、左脚上步扣住乙右脚后跟；同时左手下采乙手右臂，右肘向乙前胸击打，随后右掌下按乙右髋内侧，击败乙方。

第六式 以巧制快

动作一：甲上左步成左虚步，双手捧劲，以防攻式，乙上右步双手按住甲右臂时；甲速右转身上左步，同时右手采住乙右手腕，左手掌从乙左腋下插掌回收，控制乙肘（图 4–191、图 4–192）。

动作二：当乙右手回收旋化时，甲速翻右手腕，同时左手与右手合抱乙右手腕部，以控制乙方（图 4–193）。

动作三：当乙脱手时，甲右手松开，同时以右锁喉手掐乙颈部，以控制乙方（图 4–194）。

图 4–191

图 4–192

图 4–193

图 4–194

动作四：当甲右掐手动作被化解时，甲速以右掌翻手斫击乙后颈部（图 4-195）。

动作五：当乙左手拍化甲右掌斫击时；甲速右转身，右手抓住乙右手腕，同时以左臂外侧控制乙右肘外侧，挟住乙右前臂。随后速以左膝跪乙右腿内侧；同时左手下按乙右腿内侧以助力，以挟跪推劲控制乙方（图 4-196、图 4-197）。

图 4-195

图 4-196

图 4-197

口诀

以巧制快插中抱，掐喉动作少用好。转换切脖破敌胆，挟拿下扣圆中变。

要求

甲通过插、抱、掐、斫、挟等单式擒拿动作组合，练“内合折”的方法。

劲力分析

当图 4-196 时，ABC（A 代表乙右手、B 代表乙右肘、C 代表乙右膝）为三个不相邻关节形成的斜面，通过向下受力形成多个斜面的旋转，能控制乙整体关节的运动为复合力点（F），以乙右脚为重心支点（D），甲以身体靠向乙身体的复合力点，随后向乙身后重心点靠放的路线为离心力作用线（E）。

战术变化

如图 4–197 瞬间，战术一丢打技：甲右手扣住乙右手不动，身体微起；同时以左掌反掌击打乙面部，将乙打倒，擒拿乙方。战术二空打技：甲速站起，让乙有空的感觉，等乙预站起时，甲左脚回勾乙右脚跟，同时以右掌向乙前胸横击，将乙摔倒，擒拿乙方。

第七式 旋中求合

动作一：乙上右步，以右反臂掌击打甲面部；甲速双手合掌拿住乙右手腕，左手拇指以剔劲控制乙右手掌。当乙化解时，甲速右手腾出合住乙右手四指，以合劲控制乙方（图 4–198、图 4–199）。

图 4–198

图 4–199

动作二：乙以左直拳击打甲面部，以破拿指动作时；甲速右脚后撤，双手牵住乙右手腕，同时以身体腾化乙左直拳，双臂下折乙右臂（图 4–200）。

动作三：乙近身屈肘化解时；甲速左转身，双手向外合捌乙右手腕，同时向乙右脚外下采带乙右手腕，将乙擒拿（图 4–201、图 4–202）。

图 4-200

图 4-201

图 4-202

口诀

小中出圆合中旋，旋中求合两手间。斜面化劲周身通，剔合腾捌拿其中。

要求

甲以乙右脚为圆心，缩小半径擒乙，要清楚剔要顺劲，合要柔和，腾要灵巧，捌要稳准，变化要快。

甲通过剔、合、腾、捌等单式擒拿动作组合，练“外合折”的方法。

劲力分析

当图 4-201 时，甲双手合捌乙右手腕，向乙右脚外下采带（如图 E 的弧形箭头），将乙擒拿。此式“旋中求合”是墨家旋极术十级擒拿最后一招，招中含招，变化无穷，大道至简，体会武术的根源是人体变化力学。

战术变化

如图 4–201 瞬间，战术一后撤下带技：甲双手扣住乙右手腕；同时撤右步向甲右侧外方带乙右臂，将乙摔倒。战术二下合技：甲双手扣住乙右手腕；同时身体下降，双手向甲左脚尖下扣合，将乙擒拿。

后 记

中华武学源远流长，博大精深。我是习武之人，怀着对武术的喜爱和对历代前辈的敬佩之情，在习练武术的同时，用心理解体会其中的原理，然后用文字记录整理，这样的素材积累多了，就有必要形成一本书，既有利于自身的提升，也有益于武学文化的传承。墨家旋极术是以“十字功”来开发人体功、柔、稳、灵四方面潜能的拳术，通过认真习练，可以帮助人们强身健体、开发智力、锻炼意志，有助于现代人的保健养生，提高生活品位。

《墨家旋极术》的成书，非我一人之功。我出生于武术世家，跟北京段成文老师学旋极术 5 年，得到段师口传身授。在 30 多年的演练中，反复体会、摹仿，我每次习练墨家旋极术都想着段师的演练风格，好像老师就在眼前。经过多年的练习和感悟，在众人支持下，终于完成了这本书。

在本书的出版过程中，得到了北京体育大学教授门惠丰老师的关心和指导，亲自为本书题写书名。清华大学社会学院党委书记史志钦老师、北京体育大学教授阚桂香老师、山东师范大学教授姜周存老师、国务院办公厅太极拳协会会长黄寒冰师兄都为本书专门题字，滕州体育局局长鲁开峰先生为本书写序，著名武术家郝明之、甄在民、徐世熙、孔庆乐、杜传启、施载煌等诸位老师多年来不辞辛苦，给予了长期的关爱和支持。本书初稿形成以后，北京王大同、屠士远、门凤英，济南吴强、郝磊、赵学栋、贺伟等师兄弟热情帮助，提出了宝贵意见。

在墨家旋极术多年的普及过程中，滕州市二中新校、滕州墨子中学、滕州善南街道中心小学、滕州龙泉街道中心小学、山亭西集镇中心小学、滕州科圣中专、枣庄科技职业学院等多所学校，把墨家旋极术作为健身推广项目，为墨家旋极术的传播推广提供了必要条件；枣庄电视台、滕州电视台、滕州日报社采用专题片、专题报道等形式，对墨家旋极术给予了宣传；还有地方有关党政领导和各界知名人士马冀、邵长捷、王顺思、李洪波、李乐坤、刘汝玲、渠怀素、韩生云、苏长华、吴进军、李刚、马士领、王军、张小海、胡家豪、史新、施路、王学军、刘龙水、孙涛、吕宜君等给予了热情帮助和支持。在成书过程中，墨家旋极术爱好者赵家轩、张传峰、秦应科、刘伟、王传广、张磊、贺兴明、蒋广文、孙芳圆、吕承昊、于海涛、宗亨、杜飞、韩帅、张汝新、史中堂等不辞劳苦，在拍摄、剪辑、打印方面做了大量工作。

借本书出版之际，向以上为本书出版和墨家旋极术普及推广付出关爱及支持的各位领导、老师、同仁、各界朋友和学校表示诚挚的谢意！向滕州市墨子研究中心、滕州市体育局表示深切感谢！

弘扬墨家旋极术文化，承前启后，共进共勉，是我创作这本书的初衷。愿本书的问世能够为传承先辈功德，造福人类社会发挥应有的作用。限于水平和时间，书中定有不当之处，敬请同行专家和朋友予以指正。我愿做大海一滴水，尽心为人类的文明健康做出贡献。

孙新杰

2015.1